天"行"有常

周德元——著

阴阳五行之探索

团结出版社

图书在版编目（ＣＩＰ）数据

天"行"有常：阴阳五行之探索 / 周德元著 . ——
北京：团结出版社，2022.1（2023.11 重印）
ISBN 978-7-5126-9197-1

Ⅰ . ①天… Ⅱ . ①周… Ⅲ . ①阴阳五行说 Ⅳ .
① B992.1

中国版本图书馆 CIP 数据核字 (2021) 第 196196 号

出　　版：团结出版社
　　　　　　（北京市东城区东皇城根南街 84 号　邮编：100006）
电　　话：（010）65228880　65244790（出版社）
　　　　　　（010）65238766　85113874　65133603（发行部）
　　　　　　（010）65133603（邮购）
网　　址：http://www.tjpress.com
E-mail：zb65244790@vip.163.com
　　　　　tjcbsfxb@163.com（发行部邮购）
经　　销：全国新华书店
印　　装：三河市东方印刷有限公司

开　　本：170mm×240mm　16 开
印　　张：13
字　　数：202 千字
版　　次：2022 年 1 月　　第 1 版
印　　次：2023 年 11 月　　第 3 次印刷

书　　号：978-7-5126-9197-1
定　　价：48.00 元

《中国神秘文化的辨析和省悟》丛书

总 序

　　数千年来，中国的神秘文化始终是国人挥之不去，却又无法令人全信的一种奇特的文化现象。至今尚未见到一个关于中国神秘文化的完整而严格的定义。一般而言，广义的"神秘文化"涵盖了许多领域：宗教、降神、招魂、驱邪、符咒、扶乩、谶书、五行学、奇门遁甲、命理学、卜筮、堪舆、相术、解梦、字占（测字）等等，甚至传统中医和传统武术之中的一些神秘的东西，也可以纳入神秘文化的范畴。本丛书探讨的只是中国神秘文化中的命理学、卜筮、堪舆、相术等部分领域，并没有涉猎神秘文化的所有领域。

　　所谓"国人对神秘文化挥之不去"，是指新中国成立六十余年来（甚至可以说从 1919 年的五四运动以来），历经破除封建迷信、提倡科学、"文化大革命"、改革开放等等大的政治环境，神秘文化多次被批判、禁锢和鞭笞。但是，很多国人对神秘文化却始终不离不弃，总有一批信众和从业者或明或暗地在信奉和从事着神秘文化的种种东西。这刚好验证了列宁的一句名言："千百万人的习惯势力是最可怕的势力"（《列宁全集》第四卷 P200）。近十余年来，国内政治环境的宽松，给了神秘文化一个前所未有的扩张机遇。信众越来越多，专业或业余的从业者不再躲躲闪闪地潜伏作业，公开以预测学、信息服务的名义开设咨询顾问公司，堂而皇之地公开挂牌营业。各种以前不能出版的书籍已经堂而皇之地出现在各个正规的图书馆和大小书店的书架上。这一点是近年来国内出现的"国学热"现象无法相比的。尽管许多大专院校纷纷开设面向社会招生的"国学班"，学员大多是白领或企业家们，但毕竟人数有限。而神秘文化却是数千年来既植根于普通民众（"草根阶层"），又得到达官贵人青睐的一种文化。二者的受众数量和从业人员数量都是不可同日而语的。二者的差异在于国学领域的从业人员叫学者、教授，而神秘文化领域的从业人员叫算命、看相、看风水的。

说神秘文化无法令人全信，是指在神秘文化的诸多领域中，如：命理学、卜筮、皮纹学（相学）、堪舆学（风水学）、扶乩、测字等等，其中有些领域建立了比较完整的理论体系，有些领域理论体系很不完整。但是，即使理论体系完整的领域，例如在命理学领域中，有"子平术""紫微斗数""铁板神数""邵子神数"等诸多的分支，每个分支都有一套完整的理论和推算规则，都能根据一个人的八字（即所谓的"四柱"）或者他的出生年、月、日、时辰推算他的"命"和"运程"。问题在于，无论哪一个分支推算一个人的命运尚未见过百分之百准确的案例，在许多书籍和资料中只列举了算得准确的案例，或者是只列举了一个案例中部分准确的内容。这正是拥护神秘文化的人们所喜闻乐见的。至于那些不准确的案例或者一个案例中不准确的部分则略而不提。而这正是反对神秘文化的人们批判神秘文化的依据。当然，即使是现代科学实验和预测也未必会一次性百分之百的准确（最典型的代表是天气预报无法百分之百准确，地震预测更是"事后诸葛亮"）。但是，神秘文化只说"过五关斩六将"的辉煌，不说"走麦城"败绩的态度毕竟是有失偏颇和不科学的。而且，为什么能推算出准确的部分的理论依据也没有（或无法）交代清楚，给人一个"知其然，不知其所以然"的结果。导致这种状况的原因是多方面的，一是古代先贤们将许多核心的规则和技巧视为独家秘技，不加以公开，得到真传的弟子极少，给人以神秘感。二是这个领域中门派林立，各有一套规则，没有公认的通行标准可言，却各自都标榜为"正统"之学。对于推断出的结果不相同，甚至矛盾，只能用"仁者见仁，智者见智"来解释甚至搪塞。三是现在的绝大多数从业者一知半解就行走江湖（甚至有些从业者根本没有入门，就出来混饭吃，江河上称为"吃开口饭"）。这种状况的结果必然是让前来求算之人难以对推算的结果全信。所以人们对神秘文化推算的结果普遍抱有"不可不信，也不可全信"的态度。

至于对神秘文化"知其然，不知其所以然"的现象，除了上述原因，还有一种观点认为是必然的。广西的名中医李阳波先生认为："世间的学问都是不究竟的，都是知其然的学问，尽管现代科技这样发达，但它仍然是'知其然'这个层次上的东西，只有出世的学问才是究竟的，才能真正做到'知其所以然'。"（参见李阳波先生的弟子刘力红等人整理的《开启中医之门——运气学导论》，中国中医药出版社2005年版）李阳波先生是医易兼修的名医，他的话很有道理，值得我们去思考和探索。

笔者出于对传统文化的兴趣和爱好，二十余年来，涉猎了神秘文化的诸多领域，如：命理学、卜筮、五行学、皮纹学、堪舆学等等。总结心得后最大的感慨是：神秘文化作为中国传统文化的一个重要组成部分，博大精深，内涵极其丰富。它是我们应该去理智地传承的一笔宝贵的文化遗产。不能因为神秘文化领域有一些糟粕类的东西或者被一些江湖人一知半解地歪曲而全盘否定它，更不应该简单粗暴地扣以"封建迷信"和"伪科学"的大帽子。《孟子·尽心下》云："贤者以其昭昭使人昭昭，今以其昏昏使人昭昭。"毛泽东和邓小平都讲过："以其昏昏，使人昭昭"是不行的。不少批判神秘文化是"封建迷信"和"伪科学"的人其实对神秘文化不甚了了，却以"唯物主义者""科学家"的身份挥舞反对"伪科学"的大棒去批判神秘文化，这是典型的"以其昏昏使人昭昭"。这种做法本身就不是唯物和科学的。记得我国有一位当代著名的大科学家说过，人类在宇宙中还很年轻，许多自然界的现象，仅仅依靠人类现有的科学知识是无法解释的。因此，对于一些目前无法解释的现象，不应该简单地扣上"伪科学""迷信"的大帽子。笔者认为，这位大科学家的说法体现了一个严谨的学者应该持有的学术态度。

现代批判派认为《周易》倡导了神鬼思想。其实这是一种典型的"哈哈镜现象"。一个人本身并不畸形，但是由于哈哈镜本身的畸形，才使得照出来的人的形象发生畸形。如果详细研究《周易》全书中出现过的"神"和"鬼"这两个字，就能发现在《周易》中并没有倡导神鬼思想。例如，《周易》中是有几处出现过"鬼"字，如"高宗伐鬼方""震用伐鬼方""载鬼一车"。这里的"鬼方"是指殷商时代西北边疆上的少数民族部落和国家，不是我们现在理解的那个"鬼"。只是由于春秋战国时代的阴阳家们"舍人事而任鬼神"，这才使《周易》中的阴阳概念含有了鬼神的色彩而变质。

因此不应该给《周易》扣上一顶"倡导神鬼思想"的大帽子。就像毛泽东著作中把反动派比作"牛鬼蛇神"一样,绝对不能因此说毛泽东信奉神鬼。

阴阳家们将《周易》理论神秘化,既有主观原因也有客观原因。主观原因是他们希望营造《周易》理论神秘的氛围,让信众们有敬畏之心,这样便于他们获得当时那些帝王和权贵的重用,以此为谋生的职业。客观原因是即使许多阴阳高手能比较准确地预测,但无法说清楚为什么能预测准确的根据,因此只能将之归结为神鬼的旨意。这有点像英国的大科学家牛顿,他在晚年因为无法科学地解释一些自然现象,只能解释为神的旨意。

上述神秘文化的各个领域都可以让人感受其博大精深。例如,卜筮是《易经》的基本概念,也是伏羲最初创立八卦的目的。如果没有八卦,以及从周文王八卦推演得到的六十四卦,《易经》也就无从谈起。"皮之不存,毛将焉附"。"象数派"作为易经两大流派之一,侧重于预测学的研究和探索,将六十四卦用于推断事物、人的状态和事件。这是回归到伏羲创立易经的本源。而易经的另一流派"义理派"则属于哲学范畴,从哲学层面来诠释六十四卦的卦辞、三百八十四爻的爻辞。它的研究已离开了伏羲创立易经的初衷,却另有一番天地。它的内容与一般意义上神秘文化涉猎的内容截然不同。

遗憾的是,在古人留下的神秘文化的众多典籍中对许多关键问题、规则和技巧往往没有明明白白地交代清楚。其原因之一是为了保密,防止自己门派的秘技、秘诀外传。另一个原因是典籍的作者本身对有些关键问题也不甚了了,无法写清楚。神秘文化的各个领域普遍存在这个问题。在命理学、皮纹学、堪舆学等领域这种现象更为突出。这正是造成其"神秘"的主要原因之一。这对于神秘文化的传播、传承和发展极其不利。进而产生了误导大众的后果,将信众和从业者引入误区。这些误区伴随着神秘文化的形成同时出现。时至今日,由于神秘文化数千年来的传承和传播一直受到局限,各种关于神秘文化的书籍鱼龙混杂,再加上相当多的从业者对神秘文化一知半解的歪曲,因此这些误区不仅没有消除,反而更加扩大。直白地说,现在较之过去更加"迷信"。

神秘文化是中华民族文化遗产宝库中分量很重的一部分,我们应该理智地学习和传承。笔者撰写"中国神秘文化的辨析和省悟"系列丛书的目的之一，是将神秘文化部分领域（命理学、易经、卜筮、皮纹学、堪舆学等）的有关知识和规则进行系统的归纳、分类和比较。其二是将神秘文化各个领域中的问题和误区加以辨析。告诉读者既不能盲目地迷信它，甚至走火入魔；也不应该因其神秘而简单地扣上"封建迷信""伪科学"的大帽子棒杀之。如果本书能起到这个作用，则笔者的心愿足矣。

笔者撰写这套丛书的宗旨是：力求内容完整和系统，写作立场保持严谨和客观，通过辨析得到真实的省悟。

前　言

在笔者的《中国神秘文化的辨析和省悟》丛书完成后，笔者已经封笔不再写关于传统文化方面的书了。但是，笔者心中始终有一个关于阴阳五行理论的情结。随着对传统文化接触得更多和更深入，笔者发现在传统文化的各个领域都离不开阴阳五行理论体系。可以说中国传统文化的主要理论支柱就是阴阳五行理论。传统文化中大部分领域：中医、中药、风水（堪舆）、武术、命理、易学、星象、婚嫁、姓名学……都需要用到阴阳五行理论中金、木、水、火、土相生相克和阴阳消长平衡的规则。如果没有阴阳五行理论，上述这些领域无法立足，甚至不会出现。

由此可见，阴阳五行理论对于中国传统文化的重要性不言而喻。"五行"这个词以及它包括的金、木、水、火、土五个概念，无论在中国的古代和现代，几乎人人皆知。但是，笔者查阅了诸多历史典籍，始终没有搞清楚两个问题：

第一，Who？即，是谁第一个提出了"五行"和"阴阳"这两个概念，直至创立五行理论和阴阳理论？

第二，Why？即，为什么将宇宙万物分为金、木、水、火、土五类物象？

笔者的母校北京大学教会了我许多思维方法和知识，其中最重要的一个思维方法就是凡事都应该问一个"为什么"（Why）。因此笔者在三十多年学习传统文化的历程中一直遵循着这个治学的原则。可惜笔者始终没有彻底搞清楚五行理论和阴阳理论的起源和将万物分类的原因，这成了萦绕在笔者心头的一个纠结。但是笔者始终没有放弃对这个问题的研究，这就是笔者动笔写此书的原因。其一是整理和总结笔者对阴阳五行理论的粗浅的了解，其二是希望诸多研究传统文化的学者们能提供关于阴阳五行理论的真知灼见，将阴阳五行理论的研究继续深入下去。因为笔者毕竟只是一个半路出家的业余研究者，需要得到科班出身的传统文化学者们的指导和交流。

阴阳理论是与五行理论体系相伴的另一个理论体系，人们习惯将二者统称为阴阳五行。阴阳理论与五行理论几乎出现于同一个历史时期，但肯定不是同一个理论体系。相比五行理论，阴阳理论的起源相对清晰一些。古人将二者融合之后形成了一个"阴阳五行"的理论体系，其覆盖的应用领域和应用深度得到了发展和提升。这正是本书专门讨论了阴阳理论的原因。

特别需要指出的是，本书涉及的"阴阳"概念与社会上带有迷信色彩的阴阳和鬼神概念完全不同，务必不能混淆。2016年国务院发布的《中国公民科学素质基准》，是由科技部、财政部、中央宣传部牵头，中央组织部等20个部门参加制定的。一共有132个科学素质基准点，其中的第九点是："知道阴阳五行、天人合一、格物致知等中国传统哲学思想观念，是中国古代朴素的唯物论和整体系统的方法论，并具有现实意义。"由此可见，"阴阳五行、天人合一"等理论属于中国传统哲学思想范畴，绝对不是什么封建迷信。而是行正道的知识，我们都应该学习和掌握。前几年有那么几位反特异功能斗士猛烈批判社会上所谓的特异功能无可厚非，但是把打击对象扩大到阴阳五行就过头了。实际上这些斗士根本没有弄懂阴阳五行是什么，就对自己不懂的东西胡乱批判，这属于典型的"以其昏昏使人昭昭"现象。

阴阳五行理论渗透到了传统文化的许多领域，而且是这些领域的主要理论支柱之一。笔者的能力和精力有限，不可能对这些领域逐一研究。近十余年间，笔者对自己的定位是：年纪大了、疾病多了，于是自己治病了。基于这个原因，笔者开始自学中国传统文化领域中与阴阳五行、易经密切相关的另一个瑰宝：中医。笔者发现阴阳五行理论在中医领域的应用非常值得深入研究。例如，中医理论中认为人体的经络和五脏六腑都具有阴阳五行属性，关于这一点，应该已经没有人再怀疑。还有人将"天人合一"的思维和"子午流注"规则结合起来，形成了近年来出现的一个分支叫做"时间医学"。

可惜的是，中医药行业的从业人士主要关注于中药材自身的属性和药效，而对于中药材的五行属性研究几乎空白。其实，古人对于中药材的五行属性是有过论述的，例如，商代名相伊尹所著的一部典籍《汤液经法》；又如，在敦煌遗书中发现的《辅行诀》（南朝时期的医学家陶弘景著）等，这些医书中都包含了中药材的五行属性的内容。可惜的是，后来的多部药书中却见不到这些内容。本书试图重提并分析被后世忽视了的中药材五行属性，希望能对拓宽和深化阴阳五行理论在中医领域的应用有所裨益。笔者通过为自己养生和治病的实践可以证明中药材的五行属性确实有实用价值。所以，本书的后面列出了常用中药材的五行属性表。

笔者绝对没有否定西医的想法，但也反对社会上始终存在的否定中医的思潮。如果没有中医，炎黄子孙不可能繁衍生息数千年，直至成为世界上第一人口大国。历史上有些学者（例如胡适等人）对中医的否定是有失偏颇的，现在有些所谓的学者对中医的否定，甚至叫嚷要取缔中医的说法更是站不住脚的。笔者认为，理性地看待中西医关系势在必行，中医和西医"一个都不能少"。可喜的是，普及中医的知识已经引起了党中央的重视，据说我国今后的小学教材中会纳入中医的一些基础知识。

中医多年来的萎缩，既有外部原因，也有自身内部的原因。

外部原因之一是，学习中医的生源质量欠佳。现在社会上高考的尖子生在选择专业时，首先考虑的是计算机类、航天航空类、微电子类、生物工程类、法律类、金融类、经营管理类等等热门专业，能考上一本分数线的考生基本上不会选择中医专业。即使选择学医的考生大多数也是优先选择西医类专业。

外部原因之二是，中医目前的教育体系不合理，比如"中医基础理论"这门课程采用上大课的方式授课，导致学生不可能学到中医的真功夫。中医诊断的"望闻问切"中的"切"是指号脉（也称为"把脉"），它必须采用师傅带徒弟"手把手"的方式传授脉象知识，目前中医类院校和专业采用上大课的方式无法教会学生号脉的真本事。

内部原因之一是，在中国古代没有知识产权保护的法律法规，有句古话："教会徒弟饿死师傅"，于是师傅教徒弟时留一手，徒弟教徒孙时再留一手……其结果是一代不如一代。民间还有"传媳不传女"等等说法。中医界也深受其影响，于是出现了"秘方""秘技"等等只能世代相传，不能对外公开。对于这种现象，正面的理解可以说是为了保护知识产权，负面的影响是限制了中医药的发扬光大。

内部原因之二是，中医历来不是一个开放性学科，在学术上的开放性不如西医。例如，中医自古以来就有许多学派，有些学派的门户之见很重，很难形成将多个学派整合、聚集的规模效应。

笔者很喜欢学习研究中医药，但是不会回避中医药多年来存在的弊端。

"知不足然后知足"，只有意识到不足和短板，中医药才有可能不断地发扬光大和提高。当然，笔者毕竟不是科班出身的职业中医，只是一个"票友"，上述观点仅供读者参考。

　　本书的主题是讨论阴阳五行理论，却说了这么多关于中医药的话题，主要是因为阴阳五行理论在中医领域的渗透最深，应用最广泛，所以特别重要，也为本书讨论阴阳五行理论在中医药领域的作用作一个铺垫，并作为本书列出的常用中药材的五行属性表和药材剂量表的引子。

目 录
Contents

第一章　神秘的数字七和五

在世界上，有两个充满神秘色彩的数字"七"和"五"。自古以来，无论是中国人还是外国人都对"七"和"五"情有独钟，甚至崇拜。

一、神秘的"七"

"七"与人类密切相关的最常见的应用是：用"星期"这个概念来划分时间，一个星期有七天。

最早把七天作为时间单位的是大约在公元前 6000– 公元前 4000 年的古巴比伦人。他们在观察月亮时发现月亮盈亏的变化规律是：满月——半圆月——新月——半圆月——满月。从满月到半圆月、从半圆月到新月（即月亮消失后再出现下一轮新的月亮）、从新月再到半圆月、再由半圆月至满月，都需要七天时间。也就是说，从上一个满月到下一个满月需要四个七天，共计二十八天。古巴比伦人将这二十八天命名为一个"月"，其中的四个七天命名为四个"星期"。于是七天为一个星期成为计时单位。后来犹太人把"月"和"星期"的概念传播到古埃及，又从古埃及传播到罗马，公元 3 世纪以后，传播到欧洲各国。然后一直在全世界沿用至今。后来，伊斯兰教、基督教就按照星期为单位进行宗教礼拜活动。因此星期的概念进入了宗教领域，而且出现了与宗教仪式有关，等同于星期的"礼拜"这个词汇。所以说，"礼拜"是从星期衍生出来的说法。

无独有偶，中国古代有与"七"相关的七曜之说。所谓"七曜"是指在中国夏商周时期，人们观察天文星象发现了日、月及金、木、水、火、土五大行星等七个主要星体，二者合起来也是"七"个。中国和西方的古人在这个问题上之所以会殊途同归，是由于中外古人观察的都是同一个天空中的天文星象。西方关于一个星期七天的概念在唐代已经进入中国，但当时中国的古人并没有采用，依然使用十天为一旬作为计时单位。直到晚清末年，西方的殖民者打开了中国的大门，传教士们开始在中国建立教会，引导人们信仰基督教，与此同时清廷中一些大臣也提出历法改革的要求。于是清朝皇室开始接受外国的公历。到了民国时期，直接以法律的形式规定实行公历，废除农历。从此以星期为时间单位的制度开始在中国传播。直到现在，用星期计时的制度已经被普遍采用。当然在中国根深蒂固的农历始终没有被废除，例如农历中的二十四节气、春节、清明节、端午节等等传统节日一直被国家和全社会认可。

在西方，"七"还有许多文化内涵。诸如：西方文化中的"七宗罪"（骄傲、发怒、嫉妒、肉欲、贪吃、贪婪和懒惰）。西方宗教文化著名的"七重天"（一重天为纯银天，是人类始祖亚当和夏娃的住所；二重天为纯金天，是约翰和耶稣的领地；三重天为珍珠天，是死亡天使的领地；四重天为白金天，居住着洒泪天使；五重天为银天，居住着复仇天使；六重天为红宝石天，居住着护卫天使；七重天为极乐天，是上帝和最高天使的住所）。西方音乐中的七声音阶。自然光分为赤、橙、黄、绿、青、蓝、紫七种颜色。还有西方数学中从历法延伸出来的"残数算术"……

在中国，也有许多与"七"有关的文化内容，诸如前面说到的"七曜"，天文星象中的北斗七星，农历七月初七的"七巧节"，民间的俗语"救人一命胜造七级浮屠"，"七情六欲"……最近成为考古热点的三星堆发掘出的一些文物的构造元素与"七"关联；甚至在现代的婚姻关系中，出现了"七年之痒"的说法……

二、神秘的"五"

相比而言，"五"这个神秘的数字在中国更为重要，尤其是在中国传统文化中的许多领域都与"五"有关。还有许多传统文化和民俗文化的元素都采用"五"来分类。有一种观点认为，中国古代的先民最初之所以采用"五"的原因是，一个人的每一只手有五个手指头，每一只脚有五个脚趾头。在上古结绳记事的社会为了方便起见，以五指来计数是一种最直接的方法。这个解释有它的合理性，类似于十进制的出现与一个人有十个手指头有关。至于十进制是谁发明的（不管是亚里士多德还是其他人），不是本书关注的内容。

1. 河图洛书中的"五"

目前可以追溯到的最早与五有关的史料是"河图洛书"。河图洛书是中国古代流传下来的两幅神秘图案，蕴含了深奥的宇宙星象之理，是中国传统文化中许多领域的源头。易经《系辞·上》中说："河出图，洛出书，圣人则之。"这里的河是指黄河，洛是指洛水。历史上得到后世认可的传说是，伏羲在黄河与洛水交汇处看到了从黄河里出来的龙马背负一个图案（河图），又看到从洛水出来的神龟，其背上的纹理也是一个图案（洛书）。伏羲根据河图、洛书创立出八个卦，即后世称为的"先天八卦"。在河南省巩义市河洛镇的洛口村有一个"画卦台"，据说是当年伏羲画八卦之地。在黄

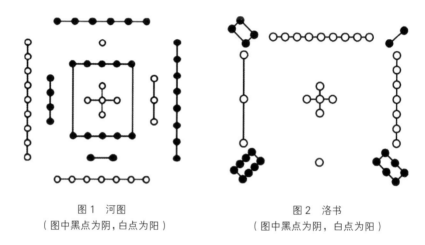

图 1　河图　　　　　　　　　图 2　洛书
（图中黑点为阴，白点为阳）　　（图中黑点为阴，白点为阳）

河、洛水区域产生的文化后世称为"河洛文化"，它是华夏文明最主要的源头。

在河图洛书中，黑点为阴，白点为阳。需要注意的是，河图中阴点数为 30（2+4+6+8+10=30），阳点数为 25（1+3+5+7+9=25），二者相差 5。洛书中阴点数为 20（2+4+6+8=20），阳点数为 25（1+3+5+7+9=25），二者相差也是 5。而且无论是河图还是洛书，图形中央都是 5 个阳点。

河图洛书出现时只有图形符号，没有任何文字。而且，河图洛书的起源与阴阳五行理论一样也是一个千年谜题，至今没有定论。历史上有多种说法：伏羲创立、黄帝创立、仓颉创立、大禹创立等等。笔者认为，重要的不是急于探究和争论河图洛书到底是外星文明、上古时代文明遗留还是古代先贤创立，而是如何去理解河图洛书之中蕴含的各种道理及其应用，然后把它进一步融入和指导人类的生活。

河图洛书中蕴含的道理有很多，诸如五行之理、天文星象之理、生克之理、先天后天之理等等。本书的主题不是讨论河图洛书（也有一种说法是五行理论的源头），而是探索阴阳五行理论。关于河图洛书与五行理论之间的关系将会在第六章中介绍。

2. 传统文化其他领域中的"五"

中国传统文化有许多领域将阴阳五行理论作为理论支柱。

中医药和养生领域如果没有阴阳五行理论，中医药和养生的体系将失去理论支撑，站不住脚。例如，中医学最重要的典籍之一《黄帝内经》之中，虽然没有直接使用"五行"这个名词，但是与黄帝对话的岐伯对构成五行主体的金、木、水、火、土作了详细的诠释。

堪舆（风水）、易经占卜、命理学、武术等领域必须用到的十个天干和十二个地支，如果没有五行中金、木、水、火、土之间的相生相克关系，天干地支只是没有任何属性的二十二个汉字。

具体地说，堪舆学的理论体系如果没有了五行，东、西、南、北、中五个地理方位就失去了属性内涵，也就无法确定"二十四山"和其他风水元素吉和凶的属性，更无法运用到建筑学领域。

在易经占卜领域，如果没有五行理论体系，即使占得了一个卦，解卦只能回归到最初的用卦爻辞解卦的时期，无法解释每个卦的卦象更深的内涵。

在命理学中，无论是四柱推命术、紫微斗数还是铁板神数等术数，如果没有阴阳五行理论作为支撑，命理学的各种规则将不复存在，也就失去了命理学存在的意义。

在中华传统武术领域，如果没有阴阳五行理论，太极拳、八卦掌、五行拳等武技只能是一些技击方法，失去了应有的内涵。

总之，五行理论在传统文化中的应用既有广度，又有深度，是不可或缺的理论支柱。这也证明了构成五行的"五"这个数字的神秘和重要性。

3. 中华文化中其他与"五"有关的文化元素

在中华传统文化中，还有许多与"五"有关的文化传承，诸如：

五服：是古代丧葬礼仪规制，按照家族中亲属之间的亲疏关系将丧服分为五等：斩衰、齐衰、大功、小功、缌麻。直到现在，人们区分亲属关系时还常用"不出五服"这个说法。但是坦率地说，很少有人能真正知道"五服"是什么。

五子登科：五代末期和宋初时期的窦禹钧有五个儿子相继考中不同朝

代（后唐、宋朝）的进士，故称"五子登科"。后来人们将五子登科作为一个常用的祝福语。

五德："五德"主要是指人的五种品德，历来有多种含义和说法：

（1）温、良、恭、俭、让。

（2）仁、义、礼、智、信。（注：它们又是"三纲五常"中的"五常"）

（3）文、清、廉、俭、信。

五脏：心、肝、脾、肺、肾。

六腑：胆、胃、小肠、大肠、膀胱、三焦。

五官：目、舌、唇、鼻、耳。

五体：筋、脉、肉、皮、骨。

五魄：魂、神、意、魄、精。

五液：泪、汗、涎、涕、唾。（《素问·宣明五气篇》云："五脏化五液，心为汗、肺为涕、肝为泪、脾为涎、肾为唾，是谓五液。"）

五情：喜、怒、哀、乐、怨。

五味：酸、苦、甘、辛、咸。

五化：生、长、化、收、藏。

五色：青、赤、黄、白、黑。

五方：东、西、南、北、中。

五时：古人将一天分为五个时段——平旦、日中、日西、日人、夜半。

平旦：为天将晓时，阴尽而阳受气，于季节为春。

日中：为日当中天，阳气正隆为重阳，于季节为夏。

日西：为日偏西，阳气衰，于季节为长夏。

日人：为天将昏时，阳尽而阴受气，于季节为秋。

夜半：为合夜，阴气正隆为重阴，于季节为冬。

五金：金、银、铜、铁、锡。

五音：与西方音乐将音律分为七个音阶不同，中国古代的音律分为宫、商、角、徵（zhǐ）、羽五个音阶。（通常所说的某人"五音不全"，就是指这个五音不全）

五伦：是指五种人际关系——父子、兄弟、夫妇、君臣、朋友。

五福：通常说的是"五福临门"，是指长寿、富贵、康宁、好德、善终。

（出于《书经》和《洪范》）

五毒：自然界常见的五种毒物——蜈蚣、毒蛇、蝎子、壁虎、蟾蜍。

五谷：古代有多种说法，常见的有两种：一种指稻、黍、稷、麦、菽；另一种指麻、黍、稷、麦、菽。无论哪一种说法，都用到了"五"。

五牲：犬、鸡、豕、羊、牛。

五更：这是古代的一种计时单位，古人将夜晚分为五个时段，用鼓打更报时，所以叫作五更，又称为五鼓或五夜。半夜三更是说第三更处于整夜的中间。

五经：即"四书五经"中的"五经"——《诗经》《尚书》《礼记》《周易》和《春秋》等五部典籍。

五气：燥、风、寒、热、湿。是指气候的五种现象，在中医领域认为人体也有这五种气。

九五之尊：古代将帝王称为"九五之尊"，其来源是易经中乾卦的第五爻乃阳刚之位。此处所说的乾卦，是指六十四卦之首的第一个大成卦，不是八纯卦中的乾卦。

五戒：佛教和道教都有"五戒"之说。"戒"者，戒律也。佛教的五戒包括：不杀生、不偷盗、不邪淫、不妄语、不饮酒。是大乘佛教中最根本的戒律，是一切佛教戒律的基础。道教的五戒包括：不得杀生，不得嗜酒，不得口是心非，不得偷盗，不得淫色。可以说佛教和道教的五戒内容基本相同，目的都是规劝人们止恶、向善。

与"五"有关的传统文化元素不止上述列举的这些，此处不再赘述。总之，在中华文化中"五"这个神秘的数字渗透的范围非常广泛和深入。

中国的古人对"五"这个数字有一种特殊的认知。笔者认为，这也许是古代先贤将宇宙万物不是分为四类、六类或其他数量的类别，而是按照"五"这个数分为金、木、水、火、土五大类的主要原因之一。所以，学术界有人认为"七"这个数字有"魔性"的内涵，而"五"这个数字在中华传统文化中则被"神化"了。

第二章　五行起源

上一章介绍了神秘数字"五",它渗透到中华文化的许多领域。笔者认为其中最值得研究和探讨的是与"五"关联的五行理论。因为五行理论对传统文化中其他领域的影响太大,是这些领域不可或缺的理论支柱。

笔者在前言中说过,五行理论的起源始终是个谜,这正是本书的写作动因。作为一个业余研究者,笔者希望与传统文化领域专业学者们和考古学者们共同努力对五行理论溯本求源,解开五行起源的千古之谜。

多少年来由于缺少考古发掘的实物证据,也没有确切的文献记载,所以虽然关于五行理论的起源出现了多种观点和说法,但是一直没有一个得到公认的权威定论。

目前可以见到的关于五行起源的论著或观点,主要有以下几种:

1. 《五行大义》

隋代萧吉所著的《五行大义》应该是目前能见到的关于五行理论最完整的一部论著,也最具权威性。研究中国科学史的英国人李约瑟博士评价此书乃"关于五行的最重要的中古时代的书籍"。此书问世后的遭遇颇为曲折。在1343—1345年间《宋史·艺文志》刊录了《五行大义》的文献目录之后此书便不知所踪。反而是日本国于唐代从中国引入此书后研究五行者甚众,而且此书被编入日本的《佚存丛书》中。直到19世纪初日本《佚存丛书》进入中国,这部珍贵典籍才回归故里,重新进入了人们的视野。

此书的重点是论述五行(金、木、水、火、土)之间的相互关系,以及五行与传统文化中其他领域(例如,中医理论中的五脏等)和其他元素(例如,干支、四时、五德、术数等)之间的应用关系,论述内容相当全面,是五行理论一个里程碑,对后世的五行理论研究和应用具有深远的影响。可惜的是,关于何人创立五行和为什么将宇宙万物分为金、木、水、火、土五类这两个历史之谜,此书中只有寥寥数语:"夫万物自有体质,圣人象类而制其名。故曰:名以定体。无名乃天地之始,有名则万物之母。以其因功涉用,故立称谓。""五行为万物之先,形用资于造化。"简言之,五行是圣人依据宇宙万物的"体质"将万物分为金、木、水、火、土五个类别的物象,而且是"先立其名,然后明其体用"。可惜没有说明是哪一位圣人做了象类这件事,也没有说明为什么宇宙万物只分为这五类物象。

因此《五行大义》并没有解开上述两个历史之谜，即五行的创立者是谁？将宇宙万物分为金、木、水、火、土五类的依据是什么？

2. 《尚书·洪范》《尚书·甘誓》《左传》

有人认为，这是古人将自然界中具有类似属性（也许就是《五行大义》中说的"万物自有体质"）的事物抽象概括，分为金、木、水、火、土五类物象，称之曰五行，构成了五行理论最基础的元素。根据这个观点，可以说五行是中国古代哲学思想中一种朴素的归纳法。在成书于西周初年的《尚书·洪范》中有箕子对周武王解说五行的一段话："五行，一曰水、二曰火、三曰木、四曰金、五曰土。水曰润下，火曰炎上，木曰曲直，金曰从革，土爰稼穑"，"润下作咸，炎上作苦，曲直作酸，从革作辛，稼穑作甘"。

此外，《尚书·甘誓》中也提到了"五行"："有扈氏威侮五行，怠弃三正，天用剿绝其命。"《甘誓》据说是夏朝遗文，但是，文中对"五行"没有详细解说，无法确认这里所说的"五行"是否后来五行理论中的五行。

到了春秋末年，左丘明编著的《左传》中记录了蔡墨的话："有五行之官，是谓五官……木正曰句芒，火正曰祝融，金正曰蓐收，水正曰玄冥，土正曰后土。"给五行配备了五位大神：句芒为木神、祝融为火神、蓐收为金神、玄冥为水神、后土为土神。这五个神的说法出自《山海经》，有了玄幻的成分。由此开始，五行被神化和神秘化。

学术界讨论五行起源时无论哪一种观点，提到《尚书·洪范》时都会认为该书是"最早"或者"较早"论述五行的著作。可惜的是，无论是《尚书·洪范》《尚书·甘誓》还是《左传》，都没有解释清楚五行的创立者和将宇宙万物分为金、木、水、火、土五类物象的依据。诚然，搞清楚五行的创立者和创立依据，与搞清楚第一本论述五行的典籍是两个不同的问题。

3. 《黄帝内经》

《黄帝内经》是中医领域最重要的典籍之一，书中贯穿着关于阴阳五行的思维。书中岐伯多处诠释金、木、水、火、土。例如："东方生风，风生木""南方生热，热生火""中央生湿，湿生土""西方生燥，燥生金""北方生寒，寒生水"；"色脉者，上帝之所贵也，先师之所传也。上古使僦贷季理色脉而通神明，合之金木水火土、四时、八风、六合，不离其常，变化相移，以观其妙，以知其要"[①]等等。但是需要注意的是，在《黄帝内经》中将金、木、水、火、土称为"五运"，不是称为"五行"。在《黄帝内经·天元纪》中有这样一段对话："帝曰：愿闻五运之主时也何如？鬼臾区曰：五气运行，各终期日，非独主时也。"笔者认为，"五行"这个名称是后来有人根据上面对话中的"五气运行"说法衍生出来的。这里说的"五气"就是原来被称为"五运"的金、木、水、火、土。

即使《黄帝内经》提出了金、木、水、火、土的概念，但并不等于《黄帝内经》是第一个将宇宙万物分为金、木、水、火、土五类物象的典籍。笔者的理由有以下两点：

理由之一，《黄帝内经》全书近二十万字，不可能在当时的年代撰写完成，因此它的成书时间肯定不是黄帝在世的时期。关于这个问题，学术界另有几种说法，分别认为《黄帝内经》成书于先秦时期、战国时期、西汉时期等等。但是，这几个时期都晚于《尚书·洪范》的成书时间。

理由之二，《黄帝内经》是一部医书，因此，书中将人体的经络、穴位和五脏六腑与金、木、水、火、土（书中称为"五运"）对应起来，并广泛应用了金、木、水、火、土之间的相生相克关系。但并不能证明五行的分类是《黄帝内经》第一个创立的。

4. 马王堆"帛书"和荆州"竹书"中的《五行》篇

1973年，长沙马王堆汉墓出土了许多帛书，其中有一篇叫《五行》，有的学者认定其为子思作品。于是学术界出现了一批学者去研究以子思和孟轲（孟子）为代表的"思孟五行说"。以章太炎、郭沫若为代表的一批学者认为"思孟五行说"中含有金、木、水、火、土相生相克的内容。而顾颉刚、傅斯年等学者认为"思孟五行说"中的五行不是指金、木、水、火、土，实际上是错把战国后期学者邹衍的观点当成了思孟的。

[①] "僦贷季"据说是上古时期的一位名医，而且岐伯没有说明他的"先师"是谁。

到了1993年，湖北荆门出土了一批竹简，其中也有一篇名为《五行》，佐证了"思孟五行说"中的五行是指"仁、义、礼、智、信"，而非金、木、水、火、土，推翻了章太炎、郭沫若等人的观点。

由此可见，虽然《荀子·非十二子》说子思、孟子是五行的创始者，实际上是将他们作为"仁、义、礼、智、信"（不是金、木、水、火、土）这个五行说法的创始者。无论是马王堆帛书的《五行》还是荆门竹简的《五行》不可能是以金、木、水、火、土为主体的五行理论的起源。

5. 现代关于五行起源的论述

关于五行起源的研究和探索始终没有停止。尤其是改革开放以来，国内政治环境逐步宽松，各种学术思想得到解放，研究五行理论的学者们不再害怕被扣上封建迷信的帽子，各种研究成果陆续问世。

其中比较有代表性的著作是刘筱红的《神秘的五行》一书（广西人民出版社2009年出版）。书中说：五行产生于先民对自然神的崇拜，随着时代的推进，先民从对自然界百神的崇拜集中到对金、木、水、火、土五类自然神的崇拜。又说，"五行生胜（克）学说产生于春秋年间，成熟于战国中后期"。这个分析很有道理，值得肯定。可惜的是，书中没有具体说明和论证为什么只是金、木、水、火、土五类物象。

除了上面列举的关于五行理论起源的主要观点和论著之外，古代和现代还有一些其他的非主流论述和观点。但无论哪一种论述和观点都无法解释清楚两个千古之谜：五行理论的创立者是谁？将宇宙万物分为金、木、水、火、土五类物象的依据是什么？笔者认为，到目前为止，五行理论的起源问题还没有真正解决。笔者作为一个业余研究者只能将目前所了解和掌握的关于五行起源的资料加以汇集后呈现给读者，再进行粗浅分析，却无法对五行起源作出定论。笔者期待，有朝一日传统文化的专业学者们能给出合理的见解和论断；更期待在考古学家们的努力下，找到能解决五行起源谜题的文物或文献证据。

总而言之，无论将来能否彻底解开五行起源这个千古之谜，五行理论是中国传统文化中最重要的精髓之一的结论是不可否认的。而且可以确定的是，中国的古代先民在长期的生活和生产实践中，经过观察、分析、归纳，再抽象后认识到木、火、土、金、水是生活必不可少的五种最基本物象，世间一切事物都是由木、火、土、金、水这五种基本物象的变化产生的。

至于"五行"这个名词，笔者在前面讲过，应该是从《黄帝内经》中所说的"五气"（即金木水火土）和"五气运行"（简称"五行"）衍生的。

第三章　五行属性和相互关系

世界上公认的古文明有五个：古巴比伦文明（即两河文明）、古埃及文明、古印度文明、古希腊文明和中华文明。但只有中华文明有"五行理论"这个理论体系。中国的古代先贤将宇宙间万物分为金、木、水、火、土五大类物象。这里的金、木、水、火、土不是现代物理学和化学中的物质分类。这一点类似于中医所说的人体有心肝脾肺肾五脏与西医所说的心肝脾肺肾五个器官不同，也就是说，中医说的"脏器"不同于西医说的"器官"。

五行中"五"是指宇宙间万物的属性分为五类。关于五行中的"行（读作 xíng）"，"行"是指自然的"运行"，是这类事物本身具有的性质依循某种固有的规则持续地运动，是一种自然的行为。东汉的儒学家郑玄给"行"下了一个定义："行者，顺天行气也"。

五行理论不仅仅将宇宙万物的属性分为五类，而且认为宇宙间万物并非静止、孤立的存在，而是有相互滋生、相互制约的关系，这就是五行的相生、相克原理。五行理论认为，金、木、水、火、土之间的生克关系反映出事物之间的关联和转化规律。大约在战国时期，又在金、木、水、火、土之间相生、相克的关系之外增加了相乘、相侮等关系的说法，形成了一套完整的五行理论体系。而且，这套理论体系渗透到了哲学、气象、历法、时间、地域、农耕、军事、政体、传统医学和武术等许多领域。

关于五行的真实内涵，有人认为五行是五种物质或性质等。虽然这种观点非常普遍，实际上是从字面上狭义地理解，是不正确的。若说五行是五种物质，那世界是否仅此五种物质？显然五行是五种物质的说法不足以概括世间万象。关键是"五行"是指五种物象，绝不是五种具体的物质。比如人体的五脏六腑中，肺的五行属性为金，并不是说肺是由金这种物质组成的；肝胆的五行属性为木，并不是说肝胆是由木这种物质组成的；脾胃的五行属性为土，并不是说脾胃是由土这种物质组成的，而是说五脏六腑具有金、木、水、火、土五种属性。又如在方位的五行属性中，东方属木，并不是说东方是由草木构成的；西方属金，并不是说西方是由某一种或几种金属构成的；北方属水，并不是说北方全部都是江河湖泊大海。

五行之间不仅具有相生相克、相互转化的特性，而且相生相克和相互转化的过程需要时间，所以五行与时间是关联的。即随着时间流转，相生相克和相互转化会导致五行发生变化。

一、金木水火土各自的属性

《尚书·洪范》中明确说明了金、木、水、火、土各自的属性："五行，一曰水、二曰火、三曰木、四曰金、五曰土。水曰润下，火曰炎上，木曰曲直，金曰从革，土爰稼穑"，"润下作咸，炎上作苦，曲直作酸，从革作辛，稼穑作甘"。这里所说的金、木、水、火、土是古代先贤对宇宙万物加以抽象和提炼而得出的理论概念，是指五种属性。与通常所说的金、木、水、火、土五种具体物质不同，它们涵盖的范围更加广泛。正因为如此，五行理论中所说的五行才有可能得到更加广泛的应用。

金：《尚书·洪范》中说"金曰从革"。所谓"从革"，是指五行中的金具有可熔炼变革的特性。所以金的特性也解释为：清肃、敛降。这个特性在中医领域有广泛的应用。进一步引申为凡是具有清洁、肃降、收敛等性质或形态的事物，都属于五行中金的范畴。后来有一种说法：凡具有金属性的皆为金，所以就有了"金属"这个词，而五行中其他的木、水、火、土四种，没有带"属"这个字的说法。

木：《尚书·洪范》中说"木曰曲直"。所谓"曲直"，是指木属性的草木具有其枝干生长形态都有曲有直、向上向外舒展的特性。所以五行中木的特性也解释为：生长、升发、条达、伸展、易动、收涩。凡是具有这种特性或形态的事物，都属于五行中木的范畴。还有一种说法，木的读音来自与之接近的"冒"，即"冒地而生"。这个特性在中医领域也有广泛的应用。

水：《尚书·洪范》中说"水曰润下"。所谓"润下"，是指五行中水的属性为湿润，水往低处流。所以五行中水的特性也解释为：滋润、下行。这个特性在中医领域也有广泛的应用。进一步引申为凡是具有寒凉、向下运行等性质或形态的事物，都属于五行中水的范畴。

火：《尚书·洪范》中说"火曰炎上"。所谓"炎上"，是指燃烧之火，其性温热，其焰上升。这个特性在中医领域也有广泛的应用。进一步引申为凡是具有温热、升腾、向上、辐射等性质或形态的事物，都属于五行中火的范畴。

土：《尚书·洪范》中说"土爰（yuán）稼穑"。所谓"稼穑"，是指土能承载、孕育农作物的播种和收获。所以土的特性也解释为：生化、养育、承载、受纳、静止、缓和。进一步引申为凡是具有生化、孕育、承载、受纳等性质或形态的事物，都属于五行中土的范畴。这个特性在中医领域也有广泛的应用。

五行各自的特性可以归纳为：

木——生长、升发、柔和、条达、舒畅；

火——温热、升腾、明亮、向上；

土——生化、孕育、承载、受纳、收藏；

金——清洁、清肃、收敛、坚挺；

水——寒凉、滋润、向下、运行。

二、五行之间的相互关系

（一）五行相生

五行相生：木——→火——→土——→金——→水——→木（注："——→"表示相生）。即木生火，火生土，土生金，金生水，水生木。所谓"相生"是指：二者互相滋生，促进生长，相合相好。

木生火：火焰的产生和延续需要添加木柴，如果没有木柴，火会熄灭，所以说木能生火。

火生土：凡是易燃的物体被火焚烧后变成灰土，所以说火能生土。

土生金：五行中的"金"是广义的金属。而各种金属来源于土壤和矿石（五行中广义的"土"），所以说土能生金。

金生水：金有熔炼变革的特性。即金被熔炼后变成液态，或称之为被化为水，例如钢水、铁水、金水等等，所以说金能生水。

水生木：水的特性是滋润、下行。凡草木皆为广义的"木"，木需要水的滋润才能生长发达，所以说水能生木。

五行中的任何一种"行"，都会有"生我"（即滋生我）和"我生"（即我去滋生）两种关系。例如，土生金，对于金而言，"生我"者是土，是金得到了土的滋生相助；对于土而言，"我生"者是金，是土滋生相助了金。

```
          生我者    我生者

    金      土       水

    木      水       火

    水      金       木

    火      木       土

    土      火       金
```

依据五行理论延伸的"生我者乃父母，我生者乃子孙"这个概念在易经占卜领域的"六爻预测法"中十分重要。有兴趣的读者可以参阅笔者的另一本拙著《易源易法》（团结出版社，2014 年出版）。

（二）五行相克

五行相克：金 ⇒ 木 ⇒ 土 ⇒ 水 ⇒ 火 ⇒ 金（注："⇒"表示相克）。即金克木，木克土，土克水，水克火，火克金。五行相克是指五行中两个"行"之间互相克制和制约。《素问》中有一段话说："木得金而伐，火得水而灭，土得木而达，金得火而缺，水得土而绝，万物尽然，不可胜竭。"

金克木：金可以砍伐草木，所以说金克木。

木克土：在上古时代，用来掘土、挖土的工具多为木制，而且草木可以扎根于各种土中。

土克水：土可以阻挡水的流动，自古就有"水来土掩"之说。

水克火：灭火须依靠水，即"火得水而灭"。

火克金：凡是具有金属性的类象，只要火力充足，使温度达到其熔点，都能将它熔化为液态。

在五行相克的关系中，任何一种"行"都具有"我克"（我去克）和"克我"（我被克）两种关系。例如，金克木：金去克木，所以木对于金而言是"我克"；而木被金克，即金对于木而言是"克我"。

（三）相生相克的关联性

相生和相克之间是一种辩证关系，生和克是相辅相成的。若无相生，何来相克？若无相克，何来相生？没有相生就没有事物的发生和成长；没有相克，就不能维持事物发展和变化中的平衡与协调。明代著名的医学家张介宾（景岳）在《类经图翼·运气上》所说："造化之机，不可无生，亦不可无制，无生则发育无由，无制则亢而为害。"①

金、木、水、火、土之间的相生相克关系见图3。

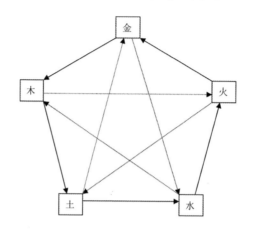

图3 五行生克关系图
（图中实线表示相克关系，虚线表示相生关系）

（四）五行相乘、相侮

五行之间的关系除了相生相克，还有相乘和相侮两种。在实际应用中，人们大都关注相生相克，而相乘和相侮往往被忽略。

相乘与相侮的概念，出自《黄帝内经》。所以说，虽然《黄帝内经》不是五行理论的源头，但是它完善并推动了阴阳五行理论体系的形成，并深度应用了阴阳五行理论。《素问·五运行大论》中说："气有余，则制已所胜而侮所不胜，其不及，则已所不胜侮而乘之，已所胜轻而侮之。"五行之间的相乘和相侮关系在中医领域有着广泛的运用。

---

① 笔者注：一个很有趣的现象是，上述的"阴阳相生"和"阴阳同性相克"的关系与现代物理学中"同性相斥"和"异性相吸"的规律吻合。在中国古代出现"阴阳相生"和"阴阳同性相克"的提法时，现代物理尚未产生，更没有"同性相斥"和"异性相吸"的规律。笔者认为，二者的吻合应该不是巧合，而是某种客观规律在不同文化传承中的体现。

1. 五行相乘

五行的互相乘制，简称"五行相乘"。所谓"相乘"，即乘虚侵袭。是指五行中的某一行对被其克制的另一行的过度克制，故又称为"倍克"（加倍克制）。由此可见，金木水火土之间相乘的关系与相克是一致的，是相克的加强版，即木乘土，土乘水，水乘火，火乘金，金乘木。

例如，原来的金克木，但由于金太强，会导致金过度克制木，于是形成了金乘木的状态。又如，原来的火克金，但由于火太强，会导致火过度克制金，于是形成了火乘金的状态，等等。

发生五行相乘的原因主要是因为去克的一方太强，同时被克的一方太弱。产生太强和太弱的原因有：受到当时所处季节（后面将会介绍五行在四个季节中的生旺休囚死状态）或者所在环境的影响，等等。在中医领域还会考虑到与个人的体质有关。

2. 五行相侮

五行的互相欺侮，简称为"五行相侮"。所谓"相侮"是五行之间的反向克制，例如木克土，变成了土反克木。所以金木水火土之间相侮的关系与相克和相乘相反。即木侮金，金侮火，火侮水，水侮土，土侮木。

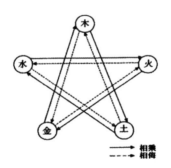

图 4 五行相乘相侮关系图
（图中实线表示相乘关系，虚线表示相侮关系）

发生五行相侮的原因主要是因为被克的一方太强，而去克的一方太弱，克制不成，反被对方克制。与五行相乘相同的是，产生太强和太弱的原因有：受到当时所处季节（后面将会介绍五行在四个季节中的生旺休囚死状态)或者所在环境的影响,等等。这种关系在中医领域也被运用。

3. 五行反生为克

反生为克,是指在五行相生关系中,主生者旺、被生者衰的现象。其实,这是一种"母不生子"(即溺爱)的特殊情况。如:身体极度弱者就不能大补,也不宜大量服药,或营养已经过剩的人,再大量摄入高营养,都会导致身体易生疾病。

五行反生为克的条件是:

金赖土生,土多金埋。

木赖水生,水多木漂。

水赖金生,金多水浊。

火赖木生,木多火塞。

4. 五行泄多为克

泄多为克,是指五行相生双方,被生者旺、主生者弱的现象,实际上是现实生活中"儿多母苦"的特殊现象,比如病人身体弱又多病症。

五行泄多为克的条件是:

木能生火,火多木焚。

火能生土,土多火晦。

土能生金,金多土虚。

金能生水,水多金沉。

水能生木,木旺水缩。

5. 五行反克

五行反克,是指相克双方为主克者弱、被克者强的一种特殊现象。如:金克木是五行正常的相克现象,但是在金衰木旺的情况下,金不但不能克制木,倒是本来反克金。不过反克的前提条件是:被克者一定是旺,主克者一定是衰,反克的关系才能成立。这种关系与"五行相侮"有点类似。

五行反克的条件是:

金能克木,木坚金缺。

木能克土，土重木折。
水能克火，火旺水干。
火能克金，金多火熄。
土能克水，水多土荡。

第四章　五行理论基础知识

一、五行与天干、地支、生肖和方位的关系

前面说过，如果天干没有被赋予五行属性，十个天干只是单纯的十个汉字，它们之间没有相生、相克（相冲）、相合、相乘和相侮等关系。

如果地支没有被赋予五行属性，十二个地支也只是单纯的十二个汉字，它们之间没有相生、相克（相冲）、相合、相乘和相侮等关系。

1. 十天干

（1）十天干的内涵

十天干是：甲、乙、丙、丁、戊、己、庚、辛、壬、癸。它们的本义分别是：

甲：《汉书·律历志》云："出甲于甲。"第一个"甲"为荚，乃草木的嫩芽；第二个"甲"为甲壳，乃草木的皮壳。"百果草木，皆荚甲开坼。"《说文解字》云："东方之孟，阳气萌动。"

乙：《汉书·律历志》云："奋轧于乙。"奋轧，即抽轧，抽芽而生长，犹如"乙"字的形状，为曲扭上升之象。《说文解字》云："象春草木冤曲而出，阴气尚强，其出乙乙也。"

丙：《汉书·律历志》云："明炳于丙。"炳者，明也，显也。阳气充盛，使得草木明显生长。《说文解字》云："位南方，万物成炳然。阴气初起，阳气将亏。"

丁：《汉书·律历志》云："大盛于丁。"丁有壮的意思（过去称健壮的男性为"壮丁"），是指幼苗不断成长壮大。《说文解字》云："夏时万物皆丁实。"

戊：《汉书·律历志》云："丰楙于戊。"楙即茂，茂盛也，生长茂盛。《说文解字》云："中宫也，象六甲五龙相拘绞也。"

己：《汉书·律历志》云："理纪于己。"己有已之意，言万物已成熟而有条理。《说文解字》云："中宫也，象万物辟藏诎形也。"

庚：《汉书·律历志》云："敛更于庚。"庚有更之意，言果实收敛而生命从此更换。《说文解字》云："位西方，象秋时万物庚庚有实也。"

辛：《汉书·律历志》云："悉新于辛。"辛有新之意，言新的生机又开始酝酿。《说文解字》云："秋时万物成而熟。"

壬：《汉书·律历志》云："怀任于壬。"壬有妊养之意，言开始孕育新的生命。《说文解字》云："位北方也，阴极阳生，象人怀妊之形。"

癸：《汉书·律历志》云："陈揆于癸。"癸有揆度之意，言生命又将开始而宿根待发，并可以进行揆度。《说文解字》云："冬时，水土平，可揆度也，象水从四方流入地中之形。"

（2）十天干的方位

　　甲属阳木，为栋梁之木，位于东方。

　　乙属阴木，为花果之木，位于东方。

　　丙属阳火，为太阳之火，位于南方。

　　丁属阴火，为灯烛之火，位于南方。

　　戊属阳土，为城墙之土，位于中央。

　　己属阴土，为田园之土，位于中央。

　　庚属阳金，为斧钺之金，位于西方。

　　辛属阴金，为首饰之金，位于西方。

　　壬属阳水，为江河之水，位于北方。

　　癸属阴水，为雨露之水，位于北方。

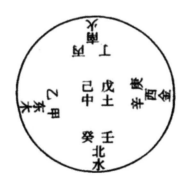

图 5　天干配五行、方位图

2.　十二地支

（1）十二地支的内涵

十二地支是：子、丑、寅、卯、辰、巳、午、未、申、酉、戌、亥。

子：《史记》云："万物滋于下。"子有滋（孳）之意，言阳气始生，万物孳生萌芽。故十一月（冬至是在这个时段）建之于子。《说文解字》云：

"十一月阳气动，万物滋。"在易经的理论体系中有十二消息卦应月的说法，农历十一月（子月）对应于地雷复卦，卦中初爻为阳爻，其余五爻皆为阴爻，称之为"一阳始生"。在广东的客家人地区有一个说法："冬至大过年"，因为他们认为新的一年，也就是万物复苏是从冬至开始的，所以冬至比正月初一开始的年更为重要。客家人是从北方迁徙至岭南地区的，他们传承了许多中原地区的古文化。

丑：《史记》云："纽也，言阳气在上未降，万物厄纽未敢出。"纽芽为结芽之意，言阴气已尽，阳气已动，万物幼芽即将解结而出。故十二月建之于丑。《说文解字》云："纽也，十二月万物动用事。"

寅：《史记》云："万物始生，螾然也。"阳气初发而万物始动也。故正月建之于寅。《说文解字》云："正月阳气动，去黄泉欲上出，阴尚强也。"

卯：《史记》云："言万物茂也。"卯者，冒也，言万物冒地而出，开始生出。故二月建之于卯。《说文解字》云："冒也。二月万物冒地而出，象开门之形，故二月为天门。"

辰：《史记》云："万物之娠也。"娠者，动也，伸也，言万物伸舒而出也。故三月建之于辰。《说文解字》云："震也，三月阳气动，雷电振，民农时也，物皆生。"

巳：《史记》云："言阳气之已尽。"巳有已之意，言阳气盛极，万物旺盛而壮。故四月建之于巳。《说文解字》云："已也，四月阳气已出，阴气已藏，万物见，成文章。"

午：《史记》云："阴阳交，故曰午。"午者，交也，言阳极阴生而万物成长繁盛至极。故五月建之于午。《说文解字》云："牾也，五月阳气牾逆阳，冒地而出也。"

未：《史记》云："万物皆成，有滋味也。"未有味之意，言万物成熟有味也。故六月建之于末。《说文解字》云："味也，六月滋味也，象木重枝叶也。"

申：《史记》云："言阴用事，申则万物。"申者，申斥也，申贼也，言秋金之气收敛万物。故七月建之于申。《说文解字》云："神也，七月阴气成体，自申束。"

酉：《史记》云："育万物之老也。"酉者，就也（成就也）、老也，言万物成熟衰老也。故八月建之于酉。《说文解字》云："就也，八月黍成可为酎酒。"

戌：《史记》云："万物尽灭。"戌有灭之意，言阳气微而入地，万物毕成。故九月建之于戌。《说文解字》云："天也，九月阳气微，万物毕成，阳下入地也。"

亥：《史记》云："荄也，阳气藏于下也。"亥者，废阂也，言阳气潜藏而万物闭藏也。故十月建之于亥。《说文解字》云："荄也，十月微阳起接盛阴。"

（2）十二地支的方位、与十二生肖的对应关系

子（鼠）属阳水，位于北方。

亥（猪）属阴水，位于北方。

寅（虎）属阳木，位于东方。

卯（兔）属阴木，位于东方。

巳（蛇）属阴火，位于南方。

午（马）属阳火，位于南方。

申（猴）属阳金，位于西方。

酉（鸡）属阴金，位于西方。

辰（龙）、戌（犬）属阳土，位于中央。

丑（牛）、未（羊）属阴土，位于中央。

从时空观的角度分析，十二地支表示时辰，十天干表示空间，两相配合，

图6 地支配五行、方位图

六十年一大循环，组成了一个甲子，即从甲子开始，直至癸亥。然后是下一个甲子。

二、天干地支的阴阳五行属性

所谓"天干地支纪年"，是指中国古代用十个天干、十二个地支组合的计时法，包括干支纪年、干支纪月、干支纪日、干支纪时等等。关于天干地支的起源也是一个没有最终得到确认的谜题。目前比较公认的说法是，天干地支是黄帝为了建立当时农耕社会所需的历法体系而命史官大桡(ráo)创立的。在萧吉的《五行大义》中说：大桡"采五行之情，占斗机所建，始作甲乙以名日，谓之干，作子丑以名月，谓之枝。有事于天则用日，有事于地则用月。阴阳之别，故有枝干名也"。按照这个说法，天干地支概念与阴阳、五行等概念是差不多同时形成的。在西方纪元体系进入中国之前，中国的纪年方法自炎黄时期以来始终采用天干地支纪年法，而且延续至今依然被广泛采用。

在郑文光的《中国天文学源流》一书中说，十天干起源于伏羲和"生十日"的神话传说，是十进位法概念在计时中的运用，所以说它产生于渔猎时代的原始社会。而"十二地支"则是根据"生月十有二"的神话传说演变而来，它产生于殷商之前，后逐渐演变为十二时辰。所以，郑文光推断：十二地支是夏朝创立的。在《中国科学技术史稿》（杜石然等人编著）一书中，认为夏朝产生了十天干纪日法，商朝则在夏代天干纪日的基础上，扩展了干支纪年法，把十天干和十二地支组合在一起形成六十循环的纪年、纪月、纪日、纪时法。即使现代社会普遍采用西方历法纪年，但是干支纪年法在中国深入人心，从来没有消失，现代的中国人仍然在采用。

天干地支与五行理论的融合，既给天干地支赋予了五行属性，又产生了十天干相互之间以及十二地支相互之间的相生、相克（相冲）、相合、相乘和相侮等关系。而且五行理论将天干、地支、八卦等本来互不关联的元素有机地联系了起来。因此，传统文化中许多抽象的概念需要五行作为载体，才可能有比较具体的内涵。

1.十天干：甲属阳木、乙属阴木，丙属阳火、丁属阴火，戊属阳土、己属阴土，庚属阳金、辛属阴金，壬属阳水、癸属阴水。

表1 十天干的阴阳五行属性

天干	甲	乙	丙	丁	戊	己	庚	辛	壬	癸
阴阳属性	阳	阴	阳	阴	阳	阴	阳	阴	阳	阴
五行属性	木	木	火	火	土	土	金	金	水	水

天干五合

甲己合化土　乙庚合化金　丙辛合化水　丁壬合化木　戊癸合化火

所谓天干五合，是指五组天干的互相作用而产生的变化,如丙辛合化水,指天干丙遇到天干辛,丙本是火,辛本是金,但这两者在一起相互起反应,组合在一起，却变化成了水，如化学反应一般，两者的性质已变，生成新的性质。当然在实践应用中，合化是有着严格的条件的，并非一见丙辛就认为是化成了水。丙辛如此，其余可以类推。关于天干五合在本书第九章阴阳五行理论与五运六气中有进一步的介绍。

2.十二地支：子属阳水、丑属阴土、寅属阳木、卯属阴木、辰属阳土、巳属阴火、午属阳火、未属阴土、申属阳金、酉属阴金、戌属阳土、亥属阴水。

表2 十二地支的阴阳五行属性

地支	子	丑	寅	卯	辰	巳	午	未	申	酉	戌	亥
阴阳属性	阳	阴	阳	阴	阳	阴	阳	阴	阳	阴	阳	阴
五行属性	水	土	木	木	土	火	火	土	金	金	土	水

地支三合

亥卯未合化木　巳酉丑合化金　申子辰合化水　寅午戌合化火

地支三合与天干五合的情形相同，即三个地支之间的相互作用而导致性质发生变化，如亥卯未三个地支聚在一起变化成了木。当然，在实践中地支三合也有严格的条件。

地支六合

子丑合土　寅亥合木　卯戌合火　辰酉合金　巳申合水　午未合土

地支六合是两两地支之间的相互变化,如子丑聚在一起,就变化成了土,地支六合的力量小于三合。

在命理学中还有一个概念"人元天干"。所谓"人元"是指十二个地支包含有天干之气,即每个地支除了自己所代表的五行之气,还包含了该地支所藏的天干的五行之气,通过这个概念,将人对应的地支五行之气与天干关联了起来。

子的本气是癸水,丑的本气是己土,寅的本气是甲木,卯的本气是乙木,辰的本气是戊土,巳的本气是丙火,午的本气是丁火(还包括己土的成分),未的本气是乙土(兼有乙木和丁火),申的本气是庚金(兼有壬水和戊土),酉的本气是辛金,戌的本气是戊土(兼具辛金及丁火),亥的本气是壬水(兼具甲木)。

即:申酉戌巳丑藏金、寅卯辰亥未藏木、亥子丑辰申藏水、巳午未寅戌藏火。

这个概念在命理学的四柱推命术中需要用到。

三、六十甲子和六十纳音

六十纳音是"六十甲子纳音"的简称。中国古代的音律包括:五音(宫、商、角、徵、羽)和十二律(黄钟、太簇、姑洗、蕤宾、夷则、无射、大吕、夹钟、仲吕、林钟、南吕、应钟)。五音和十二律按照奇对奇、偶对偶的规则可以组合成六十个音。(有兴趣的读者可以查阅宋代大科学家沈括的《梦溪笔谈·乐律一》和清代大学者钱大昕的《纳音说》)纳音这个名词来源于《洪范五行》和汉代儒学家董仲舒的《五行之序》,是古代中国玄学的专用术语。

无独有偶,十个天干和十二个地支按照奇对奇、偶对偶的规则也构成了从甲子到癸亥的六十个组合(见表3),它们与音律中的六十个组合相配合,再按照金、火、木、水、土五行之序叠合起来构成了"六十甲子纳音"(见表4)。它是从先秦开始传承至今的一种择时术。因为古代中国历法采用太阴历,用干支纪年,从甲子起至癸亥共六十年,称为一个甲子。

表 3　六十甲子表

	甲	乙	丙	丁	戊	己	庚	辛	壬	癸
子	甲子		丙子		戊子		庚子		壬子	
丑		乙丑		丁丑		己丑		辛丑		癸丑
寅	甲寅		丙寅		戊寅		庚寅		壬寅	
卯		乙卯		丁卯		己卯		辛卯		癸卯
辰	甲辰		丙辰		戊辰		庚辰		壬辰	
巳		乙巳		丁巳		己巳		辛巳		癸巳
午	甲午		丙午		戊午		庚午		壬午	
未		乙未		丁未		己未		辛未		癸未
申	甲申		丙申		戊申		庚申		壬申	
酉		乙酉		丁酉		己酉		辛酉		癸酉
戌	甲戌		丙戌		戊戌		庚戌		壬戌	
亥		乙亥		丁亥		己亥		辛亥		癸亥

（注：天干与地支的对应关系应根据天干和地支各自的序号，分别按偶序号对偶序号、奇序号对奇序号的规则排列，而不是全排列组合，所以只有六十个干支，不是一百二十个干支）

六十甲子纳音融合了五行和干支纪年，所以在命理学领域的多个分支（如：四柱推命术、紫微斗数、铁板神数……），以及奇门遁甲、相学、堪舆学等中有着不可或缺的应用。如果没有它，上述各个分支和领域中的许多规则和说法将不复存在。

干支纪年也包括干支纪时，每个时辰在附加了干支后也具有了对应的五行属性，于是古代医学家顺理成章地将它运用到中医领域。典型代表是以黄帝内经为代表的运气学说（五运六气），以及近年来出现的时间医学。

由于五行属性与干支纪年的结合，又延伸出五行属性在一年四季中的状态，也就是金、木、水、火、土的旺、相、休、囚、死五种状态（见本章五）。这五种状态在传统文化多个领域均有应用。

表 4　六十甲子纳音表

五行	干　支		五行属性	干　支		五行属性	干　支		五行属性
金	甲子	乙丑	海中金	壬寅	癸卯	金箔金	庚辰	辛巳	白蜡金
	甲午	乙未	沙中金	壬申	癸酉	剑锋金	庚戌	辛亥	钗钏金

续表

五行	干 支		五行属性	干 支		五行属性	干 支		五行属性
水	丙子	丁丑	涧下水	甲寅	乙卯	大溪水	壬辰	癸巳	长流水
	丙午	丁未	天河水	甲申	乙酉	泉中水	壬戌	癸亥	大海水
火	戊子	己丑	霹雳火	丙寅	丁卯	炉中火	甲辰	乙巳	佛灯火
	戊午	己未	天上火	丙申	丁酉	山下火	甲戌	乙亥	山头火
土	庚子	辛丑	壁上土	戊寅	己卯	城墙土	丙辰	丁巳	沙中土
	庚午	辛未	路旁土	戊申	己酉	大驿土	丙戌	丁亥	屋上土
木	壬子	癸丑	桑松木	庚寅	辛卯	松柏木	戊辰	己巳	大林木
	壬午	癸未	杨柳木	庚申	辛酉	石榴木	戊戌	己亥	平地木

四、五行的旺相休囚死状态

在五行理论中，五行中的金、木、水、火、土有旺、相、休、囚、死五个状态，这五个状态和一年四季密切相关。在春、夏、秋、冬四个季节里（还有一个长夏，共五个时段），每个季节都有一个五行处于"旺"，一个五行处于"相"，一个五行处于"休"，一个五行处于"囚"，一个五行处于"死"的状态。旺、相、休、囚、死五个状态之间是相互关联的。这是描述五行在四季中不同状态的一个概念。

旺、相、休、囚、死的具体含义如下：

1. **旺**：即处于旺盛状态，当令者为旺。五行中的某个"行"与该季节（或该月）的五行属性相同者为"旺"。

例如，在农历一月，月地支的为寅，于是该月的五行属性为阳木（见表1）。所以，木在农历一月处于"旺"的状态。

2. **相**：凡被该季节（或该月）的五行属性滋生者为相，即处于次旺状态。

例如，在农历一月，该月的五行属性为阳木（见表1）。由于木生火，所以火在农历一月处于"相"的状态。

3. **休**：凡某个"行"是滋生该季节的五行属性者为休，由于在滋生该季节的五行属性之后休然无事，因而进入退休的状态。

例如，在农历一月，该月的五行属性为木。由于水生木，所以水在农历一月处于"休"的状态。

4. **囚**：凡某个"行"去克制该季节的五行属性者处于衰落被囚的状态，

故为囚。

例如，在农历一月，该月的五行属性为木。由于金克木，所以金在农历一月处于"囚"的状态。

5. **死**：被该季节的五行属性克制的"行"为死，处于生气全无的死亡状态。

例如，在农历一月，该月的五行属性为木。由于木克土，所以土在农历一月处于"死"的状态。

旺、相、休、囚、死五种状态之间是相互关联的。

以"木"为例详细地解说，春天是木当令的季节，所以木在春季处于"旺"的状态；

火是木生出来的，所以火在春季处于"相"的状态；

木是水滋生的，水是生木的母亲，春天木已长成旺盛之势，于是水完成滋生的使命而退休，所以水在春季处于"休"的状态；

春季木旺盛，金无力克木，所以金在春季处于"囚"的状态；

木在春季当令，气势强旺，土被木强势克制，所以土在春季处于"死"的状态。

四个季节之中五行的状态简括如下：

　　　　　春　木旺　火相　水休　金囚　土死

　　　　　夏　火旺　土相　木休　水囚　金死

　　　　　秋　金旺　水相　土休　火囚　木死

　　　　　冬　水旺　木相　金休　土囚　火死

　　　　　四季月①　土旺　金相　火休　木囚　水死

---

① "四季月"是指一年四季中，每个季节的最后一个月，即农历三月（月地支为辰）、六月（月地支为未）、九月（月地支为戌）、十二月（月地支为丑）。这几个月的五行属性皆为土。这里需要说明，"四季月"中的"季"并不是季节的季，而是指每个季节有三个月，古代对这三个月的排行称为"孟、仲、季"，第一个月称为"孟"，第二个月称为"仲"，第三个月称为"季"，即每个季节三个月中的最后一个月。"四季月"中的六月也称为"长夏"。

五行在四季的状态可以简括如下：

木	春旺	冬相	夏休	四季月囚	秋死
火	夏旺	春相	四季月休	秋囚	冬死
土	四季月旺	夏相	秋休	冬囚	春死
金	秋旺	春囚	夏死	四季月相	冬休
水	冬旺	四季月死	春休	夏囚	秋相

在卜筮、命理、奇门遁甲等传统文化领域，会经常用到"休旺"（或"生旺"）的说法，其实就是"旺、相、休、囚、死"的简称。

在萧吉所著的《五行大义》中对五行的状态论述如下：

休旺之义，凡有三种：第一，辨五行休旺。第二，论支干休旺。第三，论八卦休旺。

第一，五行休旺者：

春则木旺、火相、水休、金囚、土死。夏则火旺、土相、木休、水囚、金死。六月则土旺、金相、火休、木囚、水死。秋则金旺、水相、土休、火囚、木死。冬则水旺、木相、金休、土囚、火死。

第二，支干休旺者：

春则甲、乙、寅、卯旺；丙、丁、巳、午相；壬、癸、亥、子休；庚、辛、申、酉囚；戊、己、辰、戌、丑、未死。

夏则丙、丁、巳、午旺；戊、己、辰、戌、丑、未相；甲、乙、寅、卯休；壬、癸、亥、子囚；庚、辛、申、酉死。

六月则戊、己、辰、戌、丑、未旺；庚、辛、申、酉相；丙、丁、巳、午休；甲、乙、寅、卯囚；壬、癸、亥、子死。

秋则庚、辛、申、酉旺；壬、癸、亥、子相；戊、己、辰、戌、丑、未休；丙、丁、巳、午囚；甲、乙、寅、卯死。

冬则壬、癸、亥、子旺；甲、乙、寅、卯相；庚、辛、申、酉休；戊、己、辰、戌、丑、未囚；丙、丁、巳、午死。

第三，由于八个纯卦具有五行属性，所以八卦在一年四季也有休旺状态：

立春艮旺、震相、巽胎、离没、坤死、兑囚、乾废、坎休。

春分震旺、巽相、离胎、坤没、兑死、乾囚、坎废、艮休。

立夏巽旺、离相、坤胎、兑没、乾死、坎囚、艮废、震休。

夏至离旺、坤相、兑胎、乾没、坎死、艮囚、震废、巽休。

立秋坤旺、兑相、乾胎、坎没、艮死、震囚、巽废、离休。

秋分兑旺、乾相、坎胎、艮没、震死、巽囚、离废、坤休。

立冬乾旺、坎相、艮胎、震没、巽死、离囚、坤废、兑休。

冬至坎旺、艮相、震胎、巽没、离死、坤囚、兑废、乾休。

其卦从八节之气，各四十五日。古代一年为三百六十日。

这里说的八节是指一年的二十四节气中分为十二个节和十二个气。每一个月的起点是十二个节，其中，四个季节的起点有四个：立春、立夏、立秋、立冬。每一个季节的中间称为"中气"，也有四个：春分、夏至、秋分、冬至。它们合称为"八节"。

十二节：立春、惊蛰、清明、立夏、芒种、小暑、立秋、白露、寒露、立冬、大雪、小寒。

十二气：雨水、春分、谷雨、小满、夏至、大暑、处暑、秋分、霜降、小雪、冬至、大寒。

《五行大义》云："凡当旺之时，皆以子为相者，以其子方壮，能助治事也。父母为休者，以其子当旺，气正盛，父母衰老，不能治事。如尧老，委舜以国政也。"

又云："所畏为死者，以其身旺，能制杀之，所尅者为囚者。以其子为相，能囚雠敌也。"

依据上面的论述，在一年四季中。除了五行有旺、相、休、囚、死五种状态之外，天干地支和易经中的八纯卦也都有这五种状态。人们常说的"时空观"在阴阳五行理论中充分体现出来，列表如下。

表 5　旺相休囚死列表

		春	夏	秋	冬	四季月
五行	金	囚	死	旺	休	相
	木	旺	休	死	相	囚
	水	休	囚	相	旺	死
	火	相	旺	囚	死	休
	土	死	相	休	囚	旺

续表

		春	夏	秋	冬	四季月
天干	甲	旺	休	死	相	囚
	乙	旺	休	死	相	囚
	丙	相	旺	囚	死	休
	丁	相	旺	囚	死	休
	戊	死	相	休	囚	旺
	己	死	相	休	囚	旺
	庚	囚	死	旺	休	相
	辛	囚	死	旺	休	相
	壬	休	囚	相	旺	死
	癸	休	囚	相	旺	死
地支	子	休	囚	相	旺	死
	丑	死	相	休	囚	旺
	寅	旺	休	死	相	囚
	卯	旺	休	死	相	囚
	辰	死	相	休	囚	旺
	巳	相	旺	囚	死	休
	午	相	旺	囚	死	休
	未	死	相	休	囚	旺
	申	囚	死	旺	休	相
	酉	囚	死	旺	休	相
	戌	死	相	休	囚	旺
	亥	休	囚	相	旺	死
八纯卦	乾	囚	死	旺	休	相
	坤	死	相	休	囚	旺
	震	旺	休	死	相	囚
	巽	旺	休	死	相	囚
	坎	休	囚	相	旺	死
	离	相	旺	囚	死	休
	艮	死	相	休	囚	旺
	兑	囚	死	旺	休	相

五、五行在四季中的旺衰变化

上面列出了五行在四季的旺、相、休、囚、死各种状态，这些状态不是断崖式突变的，而是循环渐变的。

在春季,由于上一个季节是冬季,水旺,水能生木,所以到了春季木为旺。

在夏季,由于上一个季节是春季,木旺,木能生火,所以到了夏季火为旺。

夏季和秋季之间的六月是两个季节的过渡期,由夏季的火生助土,所以六月的五行属性为土(土旺),土有收纳和养育的功能。土能生金,所以到了秋季金为旺。

在冬季,由于上一个季节是秋季,金旺,金能生水,所以到了冬季水为旺。

一年四个季节在天道之下始终按照这样的规律周而复始地循环和转换,五行理论在这个过程中成为一个不可或缺的属性支撑。

春季——→夏季——→长夏——→秋季——→冬季

木旺（木生火）　火旺（火生土）　土旺（土生金）　金旺（金生水）水旺

六、五行理论与古代炼丹术

炼丹术是我国古代炼制丹药的一种技术,大约起源于公元前 3 世纪,它迎合了古代统治者长生不老、千年不衰的愿望。真正的炼丹术起源于秦始皇,从他年轻时开始,终生痴迷于长生不老药和"真人术",甚至专门派徐福携童男童女渡海寻找蓬莱仙岛去求长生不老药。从那个时期起炼丹术开始发展兴旺起来,并出现了炼丹士这个职业。历史上有两本最著名的炼丹术典籍:东汉魏伯阳所著《周易参同契》和晋代炼丹家葛洪所著《抱朴子》。他们两人都是道家的炼丹士。

在古代的炼丹术中,金、木、水、火、土五行是必不可少的元素。例如有一个说法:"服金者寿如金,服玉者寿如玉。"炼丹术中有"龙虎化合"的说法,这正是五行相生与相克关系的一种实际运用。青龙、白虎是古代四象中的一部分,以方位来说,青龙位于东方,故五行属木,而白虎位于西方,故五行属金。所谓炼丹术中的"龙虎化合"就是依据金克木的规则。

不可否认的是,古人缺乏对物质成分的化学分析手段,所以许多炼丹原料中的毒性无法剔除,导致许多丹药具有对人体有害的毒素。其结果是,服用丹药的人长寿甚至成仙者只是故事传说,大多数人因为中毒而夭亡。笔者曾经遇到过一个真实的例子。

广州有一个著名的古迹"南越王赵佗古墓"。赵佗是秦末年间从河北来到岭南地区的。在汉朝建立后，刘邦为了安抚南越蛮夷之地，封赵佗为南越王。赵佗深受秦始皇的影响，也对长生不老的丹药很感兴趣。1983年6月，考古工作者在广州发掘了赵佗的墓，在墓中发现了一些丹药，据说就是当年的长生不老药。但是大家都知道古代的丹药中含有水银、丹砂等有毒原料，所以没有引起重视。直到2007年华南植物园引进了一位在美国留学的博士，他出国前学习的是植物类药物，在美国学习的是西药，所以是一个中西药兼修的人才。他对赵佗墓中出土的丹药进行了详细的分析，剔除了其中的有害成分，研发出一种保健品。这位博士送了一些给笔者，告诉笔者，服用这种保健品应该是有保健作用的，但绝对不是什么长生不老药。可惜当时笔者对中医药了解不深，否则会建议这位博士结合五行理论对发掘出来的丹药作进一步研究，说不定会发明一种很好的古方保健品。

七、五行理论与太阳系五大行星

众所周知，太阳系有九大行星：水星（Mercury）、金星（Venus）、地球（Earth）、木星（Jupiter）、火星（Mars）、土星（Saturn）、天王星（Uranus）、海王星（Neptune）、冥王星（Pluto）。国外古代的天文学家通过天文观察发现了这九大行星，并加以命名。

中国古代天文学家的观星历史非常悠久，也发现了太阳系中的行星，并且也对发现的行星加以命名。尤其是对金、木、水、火、土五大行星的命名依据的规则是，将五大行星的方位与五行理论中五行的方位对应起来。所以说，水星、金星、木星、火星、土星的名字自古就有了。

水星——位于北方，在五行中水的方位居于北方，所以称为水星。《天官占》云："辰星，北水之精，黑帝之子，宰相之祥也。"所以古人又称水星为辰星。水星在五大行星中是比较暗的，相当于北方的黑色（黑色为水）。在《淮南子·天文训》里有一段话："北方，水也，其帝颛顼，其佐玄冥，执权而治冬，其神为辰星，其兽玄武，其音羽，其日壬癸。"

金星——位于西方，在五行中金的方位居于西方，所以称为金星。由于西方的颜色是白色，所以又称为太白金星。金星还称为长庚、启明，出现在西方则为长庚，出现在东方则为启明（即通常所说的启明星）。在《淮南子·天文训》里有一段话："西方，金也，其帝少昊，其佐蓐收，执矩而治秋，其神为太白，其兽白虎，其音商，其日庚辛。"

火星——位于南方，在五行中火的方位居于南方，所以称为火星，又称为荧惑，因为荧就是火。在《淮南子·天文训》里有一段话："南方，火也，其帝炎帝，其佐朱明，执衡而治夏，其神为荧惑，其兽朱鸟，其音徵，其日丙丁。"

木星——位于东方，在五行中木的方位居于东方，所以称为木星，又称为岁星。这是因为木星绕太阳公转一周为十二年，我国历法中的地支纪年也是以十二为一个周期，代表十二生肖的轮回。古人通过它的运行规律配以天干地支形成了古代历法中曾经采用过的"岁星纪年"。在《淮南子·天文训》里有一段话："东方，木也，其帝太皞，其佐句芒，执规而治春，其神为岁星，其兽苍龙，其音角，其日甲乙。"

土星——位于中央，在五行中土的方位居于中央，所以称为土星。又称为镇星（填星），填跟镇同音，有土的意思。在《淮南子·天文训》里有一段话："中央，土也，其帝黄帝，其佐后土，执绳而制四方，其神为镇星，其兽黄龙，其音宫，其日戊己。"

八、五行理论与日常生活

在命理学中有一个学派叫四柱推命术，由于它的依据是宋代徐子平写的一本书《渊海子平》，所以也叫"子平推命术"。这种推命术与五行理论密不可分，可以说，如果没有五行理论，它就"皮之不存毛将焉附"。四柱推命术中有一个重要的术语叫"喜用神"，它是喜神与用神的合称。"用神"是根据一个人八字中的格局和状态确定的，"喜神"则能生助"用神"的阴阳五行元素。

根据这个说法，于是就有了用神为金、木、水、火、土五类。五行之间相生相克的关系就可以运用到日常生活之中。至于如何确定用神的细则，读者可以参阅命理学的书籍，本书不作详细介绍。

1. 凡是用神为金之人

因为金在秋天处于旺的状态，所以此人在秋天的运势较佳。

在十二个时辰中，申时（13：00—15：00）和酉时（15：00—17：00）的五行均为金，所以是此人的吉时。

在方位的五行属性中，西方为金，是此人的吉方。所以此人的住房和办公室适合朝向西方，或者西方有窗，利于吸纳金之气。

室内装潢、服装和配饰宜采用白色为主色调。

佩戴的首饰宜选白色的珠宝（白金、白玉、白色珍珠、砗磲等）。

饮食少吃红肉（猪、牛、羊类），多吃白肉（海鲜、鸡鸭类）。

平时要注意保养肺部和大肠，忌发怒生气。

……

2. 凡是用神为木之人

因为木在春天处于旺的状态，所以此人在春天的运势较佳。

在方位的五行属性中，东方为木，是此人的吉方。所以此人的住房和办公室适合朝向东方，或者东方有窗，利于吸纳木之气。

室内装潢、服装和配饰宜采用绿色为主色调。

佩戴的首饰宜选绿色的珠宝（翡翠、碧玉、绿色碧玺、绿色玛瑙等）。

饮食以多吃绿色蔬菜为宜。

平时要注意保养肝胆。

……

3. 凡是用神为水之人

因为水在冬天处于旺的状态，所以此人在冬天的运势较佳。

在方位的五行属性中，北方为水，是此人的吉方。所以此人的住房和办公室适合朝向北方，或者北方有窗，利于吸纳水之气。

室内装潢、服装和配饰宜采用黑色为主色调。

佩戴的首饰宜选黑色的珠宝（钻石、墨翠、黑曜石、黑色碧玺等）。

饮食以多吃海鲜为宜，并且应多饮水。

平时要注意保养肾和膀胱。

……

4. 凡是用神为火之人

因为火在夏天处于旺的状态，所以此人在夏天的运势较佳。

在方位的五行属性中，南方为火，是此人的吉方。所以此人的住房和办公室适合朝向南方，或者南方有窗，利于吸纳火之气。

室内装潢、服装和配饰宜采用红色为主色调。

佩戴的首饰宜选红色的珠宝（红宝石、南红、红珊瑚等）。

饮食以多吃羊肉为宜，并且适合吃辣。

平时要注意保养心和小肠。

……

5. 凡是用神为土之人

因为土在农历三、六、九、十二月处于旺的状态，所以此人在这几个月的运势较佳。

在方位的五行属性中，中间的方位为土，是此人的吉方。所以此人的住房和办公室适合位于建筑物的中间部位，或者南方有窗，利于吸纳火之气（火生土）。

室内装潢、服装和配饰宜采用黄色为主色调。

佩戴的首饰宜选黄色的珠宝（黄翡、黄龙玉、黄水晶等）。

饮食以多吃牛肉和谷物为宜。

平时要注意保养脾和胃。

等等。

第五章　五行与传统文化其他领域和元素的关系

由于阴阳五行理论渗透到了传统文化的多个领域，所以五行中的金木水火土与许多传统文化元素之间均有对应关系。通过这种对应关系，给传统文化的各种元素赋予了阴阳五行的内涵，产生了许多应用。下面列出阴阳五行与常用的传统文化元素之间的对应关系。

一、五行与五脏六腑的对应关系

阴阳五行理论是中医领域的理论支柱。中医将人体分为五脏六腑，分别是：

五脏——心、肝、脾、肺、肾；

六腑——胆、胃、小肠、大肠、膀胱、三焦。

五脏六腑分别被赋予了五行属性。《黄帝内经》中岐伯对此有详细的论述：

"东方生风，风生木，木生酸，酸生肝，肝生筋，筋生心，肝主目。其在天为玄，在人为道，在地为化。化生五味，道生智，玄生神，神在天为风，在地为木，在体为筋，在藏为肝，在色为苍，在音为角，在声为呼，在变动为握，在窍为目，在味为酸，在志为怒。怒伤肝，悲胜怒；风伤筋，燥胜风；酸伤筋，辛胜酸。"

"南方生热，热生火，火生苦，苦生心，心生血，血生脾，心主舌。其在天为热，在地为火，在体为脉，在藏为心，在色为赤，在音为徵，在声为笑，在变动为忧，在窍为舌，在味为苦，在志为喜。喜伤心，恐胜喜；热伤气，寒胜热，苦伤气，咸胜苦。"

"中央生湿，湿生土，土生甘，甘生脾，脾生肉，肉生肺，脾主口。其在天为湿，在地为土，在体为肉，在藏为脾，在色为黄，在音为宫，在声为歌，在变动为哕，在窍为口，在味为甘，在志为思。思伤脾，怒胜思；湿伤肉，风胜湿；甘伤肉，酸胜甘。"

"西方生燥，燥生金，金生辛，辛生肺，肺生皮毛，皮毛生肾，肺主鼻。其在天为燥，在地为金，在体为皮毛，在藏为肺，在色为白，在音为商，在声为哭，在变动为咳，在窍为鼻，在味为辛，在志为忧。忧伤肺，喜胜忧；热伤皮毛，寒胜热；辛伤皮毛，苦胜辛。"

"北方生寒，寒生水，水生咸，咸生肾，肾生骨髓，髓生肝，肾主耳。

其在天为寒，在地为水，在体为骨，在藏为肾，在色为黑，在音为羽，在声为呻，在变动为栗，在窍为耳，在味为咸，在志为恐。恐伤肾，思胜恐；寒伤血，燥胜寒；咸伤血，甘胜咸。"

这几段话包括了五行与五脏、五色、五音、五方、五气之间的对应关系，而且阐明了五脏之间的相互关系。所以说，《黄帝内经》虽然不是五行的起源，但是对于五行理论体系的完善和应用有着无可比拟的重要作用。

表6　五行与五脏六腑对应关系表

	金	木	水	火	土
五脏	肺	肝	肾	心	脾
六腑	大肠	胆	膀胱	小肠	胃

注：六腑还包括三焦，而三焦并不是某一个脏器，而是上述五脏六腑分为三类（上焦、中焦、下焦）的总称。

二、五行与古代星象学

五行理论毫无例外地渗透到了古代的天文学和星象学。现在许多人都知道左青龙、右白虎的说法。实际上古人认为有青龙、白虎、玄武、朱雀四种神兽。

为什么古人认为东、南、西、北四方分别有四种神兽，即北方玄武、东方青龙、南方朱雀、西方白虎呢？

这是古人观察天文学的星象后归纳得出的结果。古代的星象学家在观察日、月和五大行星的运转规律后，从黄道和赤道附近众多的星座中选出二十八个星座或称之为二十八个星宿。

图7　二十八星宿图

其中角、亢、氐、房、心、尾、箕七个星宿，组成了一条龙的形象，在春分时节位于东部的天空，故称之为东方青龙七宿，为东方的守护神。

图8　青龙七宿

斗、牛、女、虚、危、室、壁七个星宿，组成了一幅龟蛇互缠的形象，在春分时节位于北部的天空，故称之为北方玄武七宿，为北方的守护神。

图9　玄武七宿

奎、娄、胃、昴、毕、觜、参七个星宿，组成了一个虎的形象，在春分时节位于西部的天空，故称之为西方白虎七宿，为西方的守护神。

图10　白虎七宿

井、鬼、柳、星、张、翼、轸七个星宿，组成了一个鸟的形象，在春分时节位于南部天空，故称之为南方朱雀七宿，为南方的守护神。

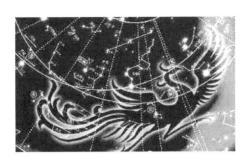

图 11　朱雀七宿

于是古代就有了东方青龙、北方玄武、西方白虎、南方朱雀的说法，而且根据四神兽所在的方位，赋予了各自的五行属性：青龙属木、玄武属水、白虎属金、朱雀属火。

三、五行与数字的关系

讨论五行与数字的关系，首先需要搞清楚一个问题，为什么古人认为北方的五行属性为水，南方的五行属性为火，东方的五行属性为木，西方的五行属性为金，中间的五行属性为土？

笔者认为，确定五个方位的五行属性与中国这块土地位于赤道之北的北半球，因此太阳位于中国的南方，从东方升起，在西方落下的运行规律有关。这个见解是笔者根据太阳运行规则，并在查阅了大量的资料后推断而得，供读者们参考。欢迎这个领域的专业研究人士给予指正。

（1）日出东方，孕育了万物的生机，即所谓生机即曲直和生发，这正是草木生长的状态，所以东方的五行属性为木。

（2）日落西方，各种生机衰落，即所谓从革和肃杀状态，这正是草木被克制的状态，所以西方的五行属性为克制木的金。

（3）盛于南方，太阳在一天运行过程中，每天中午是太阳最强盛之时，即炎上和兴旺状态，当时太阳位于南方，所以南方的五行属性为炎上的火。

（4）寒冷北方，因为太阳在南边运行，北方离太阳较远，而且在上古的神话《山海经》中已经有关于北极的记载，北方乃寒凉之地，所以北方的五行属性为水。

（5）中间收纳，万物在太阳的作用下无论是旺盛或衰落，都需要有汇聚和收纳之地，也是万物的根基所在，而根基需要扎实，中间的方位就起这个作用，所以中间之地的五行属性为土。

由于中国位于地球的北半球，太阳在中国的南方。这个客观事实是我们所无法改变的，传统文化中许多领域的概念和规则都是基于这个大前提。笔者在上世纪90年代研究命理学期间，曾经思考过这个问题。笔者推算过的命理案例全部都是北半球的人，如果找一个南半球的人作为试验案例推算，由于太阳的位置发生变化，应该会得到不同的结果。刚好当时笔者被派驻在澳门工作，见到一位从南非来的人，动了给他推算的念头。可惜笔者的英语水平有限，无法用英语表达中国命理学中的术语，他始终没有听懂，最后只能作罢。

关于东、南、西、北、中五个方位的五行属性在传统文化的很多领域都需要用到，这一类的案例可以说比比皆是。可惜的是几乎见不到确定各个方位的五行属性的依据。由于将方位的五行属性运用到各个领域的做法很重要，因此笔者主张应该更进一步研究，搞清楚源头，这样才能"知其所以然"。

关于五行与1、2、3、4、5、6、7、8、9、0（也有将0说成10）十个数字之间的对应关系自古以来就有多种说法，迄今为止一直没有统一的标准。笔者认为，首先需要探索数字与五行的关系，无论哪种说法的起源，先清源然后才能正本。

第一种说法：1、6为水，2、7为火，3、8为木，4、9为金，5、0为土。它的源头应该是依据河图洛书，因为，河图洛书是中华传统文化尤其是阴阳五行术数之源。在河图中：

北方：一个白点在内，六个黑点在外，表示玄武，五行属性为水。

东方：三个白点在内，八个黑点在外，表示青龙，五行属性为木。

南方：二个黑点在内，七个白点在外，表示朱雀，五行属性为火。

西方：四个黑点在内，九个白点在外，表示白虎，五行属性为金。

中央：五个白点在内，十个黑点在外，表示时空奇点，五行属性为土。

即：天一生水、地六成之；地二生火、天七成之；天三生木、地八成之；

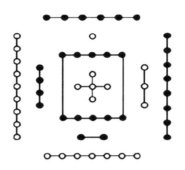

图 12　（河图：上北下南左东右西中间土）

地四生金、天九成之；天五生土、地十成之。

有人认为，这个说法与其方位、颜色、人体器官等的对应是完全吻合的，它才是五行与数字真正意义上的对应关系。

第二种说法：1、2 为木，3、4 为火，5、6 为土，7、8 为金，9、0 为水。如下所示：

1、2 同属东方木，1 为阳木，2 为阴木。木主仁。

3、4 同属南方火，3 为阳火，4 为阴火。火主礼。

5、6 同属中央土，5 为阳土，6 为阴土。土主信。

7、8 同属西方金，7 为阳金，8 为阴金。金主义。

9、0 同属北方水，9 为阳水，0 为阴水。水主智。

这种说法对 0 ~ 9 十个数的五行属性有详细的描述。

1 为阳木。是指乔木。其优点是秉性正直、有担当力、不屈不挠、自发性强。其缺点是自傲、僵硬、以自我为中心、唯我独尊、爱听奉承、目空一切。

2 为阴木。是指小草花卉。其性格特点是爱美丽、敏感多虑、擅长察言观色、胆小怕事。无论男女都有偏女性化的气质，一旦遇到困难和挫折，便怨天尤人，委曲求全。

3 为阳火。是指太阳、熊熊大火等火，这种火焰来得快去得快。其性格特点是有激情却难持久。乐观、外向、健谈，心胸较宽，但脾气暴躁，很难压抑情绪。做事张扬却不牢靠，喜欢引人注目。

4 为阴火。是指火烛之光的火，热量微弱，但实用可靠。其优点是谨慎、缓慢、温和、耐心，做事稳当、深思熟虑。其缺点是保守、爱计较、容易患得患失。

5 为阳土。这种土坚实有力，适应性和可塑型强，多才多艺。缺点是为人固执、清高。

6 为阴土。这种土预示其人的性格特点是性情温和、斯文达理、助人为乐、顾家孝顺。缺点是心软、暧昧，喜欢和稀泥。

7 为阳金。阳金如刚，坚不可摧，果敢刚直。但是有脾气太拧、自负、一意孤行等缺点。

8 为阴金。阴金的柔韧性好，内敛，好学上进，有自知之明，明白自身价值所在。但是虚荣心强烈，内心倔强，有完美主义倾向。

9 为阳水。乃大海和江河之水，汹涌开阔，不拘小节，有胆识，能纳百川。具备谋略，判断力出色，做事有志，知识面广。但有狂妄、自视过高的缺点。

10 为阴水。乃涓涓小溪之水，其性格特点是轻柔灵巧，柔和润下。性情温和，但有幼稚、顽固等缺点。

这段文字对这个说法中数字对应的五行属性给了比较详细的描述。但是有两个疑问：

其一是，没有交代 1、2 为木，3、4 为火，5、6 为土，7、8 为金，9、0 为水的依据是什么？它的来源无法追溯，所以无法令人信服。

其二是，对于五行属性的这种描述有什么实际意义？如何应用？如果不解决这个疑问，即使将 0-9 十个数字的所谓特性描述得很丰富，也只是一种文字游戏而已，没有任何实际意义。

对这个说法，有人的解释是源于先天八卦，另外有人的解释是源于后天八卦。笔者认为，这两种解释的理由都不充分。在易经中乾、坤、震、巽、坎、离、艮、兑称为八纯卦，它们的排列方位、对应的数和五行属性有两套，伏羲创立的一套体系称为先天八卦，周文王创立的一套体系称为后天八卦。先天八卦对应的数称为先天数，对应的方位称为先天方位；后天八卦对应的数称为后天数，对应的方位称为后天方位。关键是先天八卦与后天八卦被赋予的五行属性各不相同。于是五行属性与数的对应关系又出现了两套（也可以说是第三种说法和第四种说法），详见表7。从表中可见，先天八卦和后天八卦与方位、数和五行属性之间的对应关系与上面列举的第二种说法明显不相同。

表 7 先天数和后天数对应的五行属性、数、方位

	乾☰	坤☷	震☳	巽☴	坎☵	离☲	艮☶	兑☱
先天八卦五行属性	火	水	土	土	金	木	金	木
先天数	1	8	4	5	6	3	7	2
后天八卦五行属性	金	土	木	木	水	火	土	金
后天数	6	2	3	4	1	9	8	7
先天方位	南	北	东北	西南	西	东	西北	东南
后天方位	西北	西南	东	东南	北	南	东北	西

综上所述，关于五行与数字的关系，笔者认为第一种说法来自河图洛书中的河图，源头清晰，有理有据。而且在传统文化的多个领域中被运用，所以最为可信。第二种说法没有出处可寻，是无根之木，基本上没有什么可信度。至于源自先天八卦或后天八卦的解释，笔者认为伏羲创立八卦后，周文王在羑里对八卦进行了推演和延伸，建立了完整的《周易》理论体系。但这是在阴阳五行理论出现之后才建立的，与河图洛书相比，难以认定它是五行与数字之间关系的源头。当然，这与后世在应用《周易》时，需要用到与先天八卦数和后天八卦数对应的五行属性的场景并不矛盾，因为那些应用场景不涉及五行属性与数字对应关系的源头。而本书在此讨论的仅仅是探索源头。

四、五行与五音的对应关系

中国古代将音阶分为五类，称为"五音"：宫、商、角（jué）、徵（zhǐ）、羽。古人认为五音具有五行属性。正因为如此，对五音与五行的关系的研究很有必要。在《灵枢·邪客》中把宫、商、角、徵、羽五音，与五脏相配：脾应宫，其声漫以缓；肺应商，其声促以清；肝应角，其声呼以长；心应徵，其声雄以明；肾应羽，其声沉以细。此为五脏正音。相传五音是由中国最早的乐器之一"埙"的五种发音而得名。

在汉代典籍《乐纬》中有这样一段话，"孔子曰：丘吹律定姓一言得土曰宫，三言得火曰徵，五言得水曰羽，七言得金曰商，九言得木曰角，此并是阳数"，则进一步明确了宫为土、徵为火、羽为水、商为金、角为木的对应关系。

五行构成了五音与五脏之间联系起来的纽带。即根据五音与五行的对应关系，再结合五行与五脏的对应关系，就可以了解五音与五脏的关系。古代的中医由此创立了一套利用音乐来治病和养生的方法。

五音	宫	商	角	徵	羽
五行	土	金	木	火	水
五脏	脾	肺	肝	心	肾
六腑	胃	大肠	胆	小肠	膀胱三焦

宫音：属土，对应土德，主万物的脾，象征国家领导者。土主化助长。有利于促进气机转变，调和气血流通，平呕吐，特别对于食欲不振、小孩消化不良等症会有疗效。所以脾胃（属土）虚弱者适宜常听宫调式以"1"为主音的乐曲。

商音：属金，对应金德，主万物的肺，象征国家官员。金主清肃、收杀。能调理肺之舒畅，对肺气肿、咳嗽、胸闷、气喘等疾病均有疗效。所以肺部（属金）虚弱者适宜常听商调式以"2"为主音的乐曲。

角音：属木，对应木德，主万物的肝，象征平民。木主生。具有舒展、条达之特性。能养肝助气，预防肝气郁结、烦躁易怒、肢体麻木等。所以肝部（属木）虚弱者适宜常听角调式以"3"为主音的乐曲。

徵音：属火，对应火德，主万物的心，象征国家大的运动。火具有炎热、向上的特性。能补心力之不足。所以心部（属火）虚弱，或心力不足、心脏有病者适宜常听角徵调式以"5"为主音的乐曲。

羽音：属水，对应水德，主万物的肾，象征物资。水主藏。具有寒冷、向下的特性，且可以调节膀胱泌尿系统的功能，有助于贮能炼气与构筑丹田、安神镇定、固守精液。对于失眠、健忘、遗精、多梦、潮热盗汗、头晕目眩、肢体寒冷等疾病有疗效。所以肾部（属水）虚弱者适宜常听羽调式以"6"为主音的乐曲。

五音与五脏以及现代音阶的对应关系是：

五音	宫	商	角	徵	羽
音阶	1	2	3	5	6
五行	土	金	木	火	水

（注："音阶"是指现代音乐中的发音。）

五、五行与汉字的对应关系

每一个汉字都有与之对应的五行属性，但如何确定一个汉字的五行属性确是一个难题。笔者查阅了许多古籍和资料，《说文解字》《康熙字典》标注了每个汉字的字义和读音，但没有标注每个汉字的五行属性。客观地说，思考这个问题以及运用汉字五行属性的人很少，所以在社会上没有引起重视。但是笔者始终认为，既然宇宙万物都有五行属性，那么从中华古代文化传承下来的每一个汉字除了其自身的含义、写法、读音之外也一定有其五行属性。笔者十多年来一直在应用汉字的五行属性为朋友们起名字。迄今为止，已经起了 1000 余人的名字和数百个企业的名字。需要说明的是，笔者不是现在社会那些依靠起名字收费谋生的人士，笔者只给朋友（加上朋友的朋友）起名字，而且都是免费的。为了让更多的人掌握笔者起名字的方法，所以在 2010 年写了一本介绍起名方法的《中华姓氏起源和内涵》（广西民族出版社，2010 年出版），后来在 2017 年又写了一本分析一个名字内涵的《名至实归》（团结出版社，2017 年出版）。为了便于读者查字、选字，在两本书中都附有一个"常用汉字笔画五行属性表"，其中列出了大约 7100 个汉字的笔画数和五行属性。

笔者在编"常用汉字笔画五行属性表"时曾遇到一个难题：如何确定一个汉字的五行属性？在《新华字典》中肯定查不到，即使查阅《说文解字》和《康熙字典》也无法解决。一个最容易被人理解的确定一个字五行属性的方法是根据某个字的偏旁部首。例如，木字旁（或在一个字中带有木的偏旁）或草字头的字的属性为木，三点水旁（或在一个字中带有水）的字的属性为水，金字旁（或在一个字中带有金）的字的属性为金，土字旁（或在一个字中带有土）的字的属性为土，火字旁（或在一个字中带有火）的字的属性为火。可惜的是，在全部汉字中带有金、木、水、火、土偏旁部首的字仅有五分之二左右，更多的汉字无法根据偏旁部首来确定其五行属性。

例如 2021 年，一位姚姓朋友请笔者为其女儿改名，笔者在排了其女儿的八字后发现五行缺木，于是选了几个五行属性为木的字，再根据卦象确定了几个名字。姚姓朋友问笔者，既然缺木，为什么所选的名字中不带木字旁或草字头？笔者告诉他，所选的字虽然都不带木字旁或草字头，但这几个字的五行属性确实是木，因为一个字的五行属性不仅仅依靠偏旁部首来确定。就如同他姓姚，这个字的偏旁不带金木水火土中任何一个，不等于姚字没有五行属性。

　　汉字的偏旁部首是一个值得研究的课题，不仅可以搞清楚汉字的来源，并且对于了解汉字的五行属性很有帮助。人们习惯上将偏旁部首看成一体，实际上偏旁和部首是两个概念，二者是不完全等同的。所谓偏旁是汉字形体中的某些组成部分，如"位、住"中的"亻"，"国、固"中的"囗"等等都是偏旁，而字头是指一个汉字的上部的部首。偏旁部首是编纂字典、词典时，由于释义的需要，根据字形偏旁或部首而加以区分的门类，如山、口、火、石等。从严格意义上说，部首只是偏旁的一个子集，广义的偏旁包含了部首。为方便读者查阅，下面的常见偏旁部首一览表（表 8）列出了一百九十六个常见的偏旁部首的名称和笔画数。

表 8　偏旁部首名称、笔画数一览表

偏旁部首	名称或读音	笔画数	偏旁部首	名称或读音	笔画数
丶	古语同主，读作 zhǔ	1	一	读作 wān	1
乚	古语同毫，读作 háo	1	冖	古语同幂，读作 mì	2
冫	两点水，读作 bīng	2	勹	古语同包，读作 bāo	2
八	八字旁	2	卜	卜字旁	2
厂	古语同庵，读作 ān	2	儿	儿字旁	2
匚	三框旁，读作 fāng	2	力	力字旁	2
冂	同字框，读作 jiong	2	凵	古语同坎，读作 kǎn	2
匕	匕字旁	2	刂 / 刀	立刀旁 / 刀字旁	2
乛	古语同引，读作 yǐn	2	亻	单人旁	2
厶	古语同私，读作 sī	2	亠	读作 tóu	2
人	人字头	2	入	入字头	2
十	十字旁	2	屮	古语同草，读作 chè	3
彳	双人旁，读作 chí	3	巛	古语同川，读作 chuān	3
彡	三撇旁，读作 shān	3	寸	寸字旁	3
宀	宝盖头，读作 miǎn	3	广	广字旁	3
口	口字旁	3	囗	口字框，读作 wèi	3

续表

偏旁部首	名称或读音	笔画数	偏旁部首	名称或读音	笔画数
山	山字旁	3	弓	弓字旁	3
女	女字旁	3	夕	夕字旁	3
土	土字旁	3	士	士字旁	3
尸	尸字头	3	子	子字旁	3
艹	草字头计算见＊	3	⺾	草字头计算参见＊	4
氵	三点水，读作 shuǐ	4	扌	提手旁，读作 shǒu	4
忄	竖心旁，读作 xīn	4	木	木字旁	4
止	止字旁	4	父	父字头	4
日	日字旁	4	曰	冒字头	4
犭	反犬旁，读作 quǎn	4	攵	反文旁，读作 pū	4
火	火字旁	4	灬	火字底，读作 huǒ	4
爫	爪字头，读作 zhǎo	4	气	气字头	4
户	户字头	4	牜	牛字旁，读作 niú	4
爿	爿字旁，读作 pán	4	片	片字旁	4
殳	殳字旁，读作 shū	4	攴	攴字旁	4
戈	戈字旁	4	瓦	瓦字旁	4
毛	毛字旁	4	牙	牙字旁	4
方	方字旁	4	歹	歹字旁	4
欠	欠字旁	4	旡	旡字旁，读作 jì	4
水	水字旁	4	斤	斤字旁	4
白	白字旁	5	立	立字旁	5
歺	读作 dǎi	5	甘	甘字旁	5
王	斜王旁	5	本	本字旁	5
瓜	瓜字旁	5	禾	禾木旁	5
癶	癶字旁，读作 bō	5	矛	矛字旁	5
皿	皿字旁	5	罒	罒字底，读作 wǎng	5
母	母字旁	5	目	目字旁	5
疒	疒字旁，读作 nè	5	皮	皮字旁	5
生	生字旁	5	石	石字旁	5
矢	矢字旁	5	示	示字旁	5

续表

偏旁部首	名称或读音	笔画数	偏旁部首	名称或读音	笔画数
田	田字旁	5	玄	玄字旁	5
穴	穴字头	5	疋	疋字头，读作 yǎ	5
业	业字头	5	礻	示字旁	5
用	用字旁	5	玉	玉字旁	5
耒	耒字旁	6	艹	艹字头，见 *，读作 cǎo	6
臣	臣字旁	6	虫	虫字旁	6
而	而字旁	6	耳	耳字旁	6
缶	缶字旁	6	艮	艮字旁	6
虍	虍字旁，读作 hǔ	6	臼	臼字旁	6
米	米字旁	6	色	色字旁	6
肉	肉字旁	6	月	月字旁	6
衤	衣字旁	6	舌	舌字旁	6
襾	襾字头，读作 yà	6	血	血字旁	6
羊	羊字旁	6	聿	聿字旁，读作 yù	6
至	至字旁	6	舟	舟字旁	6
竹	竹字头	6	自	自字旁	6
羽	羽字旁	6	糸	糸字旁，读作 mì	6
纟/糹	绞丝旁	6	讠/言	言字旁	7
贝/貝	贝字旁	7	辶	古语同"辵"，读作 chuò	7
卩	单耳旁，读作 jié	7	釆	釆字旁，笔画计算见 **	7
镸	镸字旁，读作 cháng	7	车	车字旁	7
辰	辰字旁	7	赤	赤字旁	7
辵	见"辶"	7	豆	豆字旁	7
谷	谷字旁	7	见	见字旁	7
角	角字旁	7	克	克字旁	7
里	里字旁	7	足	足字旁	7
身	身字旁	7	豕	豕字旁，读作 shǐ	7
辛	辛字旁	7	邑	邑字旁	7

续表

偏旁部首	名称或读音	笔画数	偏旁部首	名称或读音	笔画数
酉	酉字旁	7	豸	豸字旁	7
走	走字旁	7	隹	隹字旁，读作 zhuī	8
青	青字旁	8	雨	雨字头	8
非	非字旁	8	阜	阜字旁	8
阝	双耳旁，读作 fù	8	金 / 钅	金字旁	8
隶	隶字旁	8	門 / 门	门字框	8
食 / 饣	食字旁	8	音	音字旁	9
風 / 风	风字旁	9	革	革字旁	9
骨	骨字旁	9	鬼	鬼字旁，见 ***	9
韭	韭字旁	9	面	面字旁	9
首	首字旁	9	韋 / 韦	韦字旁	9
香	香字旁	9	頁 / 页	页字旁	9
馬 / 马	马字旁	10	髟	髟字旁	10
卷	卷字旁	10	鬥	鬥字旁	10
高	高字旁	10	鬲	鬲字旁	10
鹵 / 卤	卤字旁	11	鹿	鹿字旁	11
麻	麻字旁	11	麥 / 麦	麦字旁	11
鳥 / 鸟	鸟字旁	11	魚 / 鱼	鱼字旁	11
黑	黑字旁	12	黽	黽字旁，读作 mǐn	12
黍	黍字旁	12	黹	黹字旁，读作 zhǐ	12
鼎	鼎字旁	13	鼓	鼓字旁	13
鼠	鼠字旁	13	鼻	鼻字旁	14
齊 / 齐	齐字旁	14	齒 / 齿	齿字旁	15
龍 / 龙	龙字旁	16	龠	龠字旁	16

附注：

＊草字头的笔画计算特别复杂，有以下四种情形。

有些字按照三画计算，例如："敬"；

有些字按照四画计算，例如："黄"；

有些字按照六画计算，例如："花"；

有些字按照八画计算，例如："荣（榮）"。

＊＊按照常规理解，"采"字是爪字头"爫"下面一个木，似乎是八画，其实不然，它的写法只能算七画。类似的字同样计算。

***"鬼"、"卑"等字田字中间的一竖延伸下来成为一撇,所以"鬼"字九画、"卑"字八画。依此类推。

上述一百九十六个偏旁部首中有一部分可以用来确定一个字的五行属性。

表9　直接可判断五行属性的偏旁部首

五行属性	直接可判断的偏旁部首
金	刂、刀、金、钅、戈、殳、匕、矢、矛
木	木、禾、弓、本、艹、卄、牜、竹、艸
水	冫、氵、水、子、玄、魚、鱼、雨
火	火、日、灬、心、忄
土	土、玉、石、瓦、田

除了上述根据偏旁部首的五行属性来确定一个汉字的五行属性之外,其余大约有五分之三的汉字需要采用别的方法确定五行属性。笔者查阅一些古籍之后,决定采用的方法是:根据一个汉字的读音判断其五行属性,理由是每个汉字的读音是与这个汉字同时诞生的,具有内在的属性。实践证明这个方法是有效的。由此可见,五行与五音的对应关系不仅可以应用于中医领域,还可以根据一个汉字的读音来确定其五行属性。

六、五行属性与五味、食物的对应关系

前面介绍了古人将食物的味道分为五种,即五味:酸、苦、甘、辛、咸。而且古人为五味赋予了各自的五行属性,并应用到传统文化的多个领域。五味的五行属性如下。

　　　　五行:金　木　水　火　土

　　　　五味:辛　酸　咸　苦　甘

在《黄帝内经》中虽然没有直接使用"五行"这个名词,但是阴阳五行的思想方法和理论观点始终融合贯穿于《素问》《灵枢》等篇章之中。其中对食物和药物的五行属性的应用是很重要的一个内容。

根据《黄帝内经》中记载:

食物和药物的酸味与肝相应，可增强肝的功能；

食物和药物的苦味与心相应，可增强心的功能；

食物和药物的甘味与脾相应，可增强脾的功能；

食物和药物的辛味与肺相应，可增强肺的功能；

食物和药物的咸味与肾相应，可增强肾的功能。

作为附录，下面将各种食物归哪一条经络列出如下，供读者参考。

归心经食物（属火）：

药食类：酒、百合、桃仁、龙眼肉、酸枣仁、莲子。

菜果类：荸荠、莲藕、藕节、辣椒、慈菇、荷叶、西瓜、甜瓜、柿子。

谷类：绿豆、赤小豆、小麦。

肉类：猪皮、海参。

归肝经食物（属木）：

药食类：酒、紫河车、马齿苋、荷叶、蒲公英、槐花、桃仁、山楂、酸枣仁、桑椹、杏仁、枸杞子、香橼、佛手、木瓜、韭菜子。

菜果类：西红柿、丝瓜、油菜、韭菜、荠菜、香椿、青蒿、樱桃、乌梅、枇杷、荔枝、芒果、无花果、李子、慈菇。

谷类：醋、黑芝麻。

肉类：海蜇、青鱼、鳝鱼、虾、鳖肉、蟹。

归脾经食物（属土）：

药食类：生姜、马齿苋、木瓜、肉桂、荷叶、山楂、罗汉果、乌梅、大枣、无花果、龙眼肉、酸枣仁、莲子、陈皮、海藻、芡实。

菜果类：香菜、苦菜、莲藕、藕节、茄子、西红柿、豆腐、茭白、油菜籽、油菜、荠菜、大头菜、南瓜、芋头、扁豆、豌豆、胡萝卜、冬瓜皮、豇豆、辣椒、花椒、大蒜、苹果、枇杷、西瓜皮、荔枝、橘、芒果、栗子、葡萄、藕节。

谷类：荞麦、白薯、高粱、粳米、糯米、小米、大麦、小麦、黑大豆、薏米、蚕豆、黄豆。

肉类：火腿、猪（肉、肝、血、肚、心）、牛肉、鸡肉、鹅肉、羊肉、狗肉、泥鳅、鲢鱼、鲤鱼、鲫鱼、鳝鱼。

归肺经食物（属金）：

药食类：生姜、淡豆豉、芥子、花椒、海藻、杏仁、百合、胡桃仁、罗汉果、乌梅、白果、香橼、陈皮、薤白、酒、茶叶。

菜果类：葱、洋葱、大蒜、荠菜、香菜、茭白、白萝卜、冬瓜子、油菜子、萝卜子、油菜、藕节、青蒿、胡萝卜、芹菜、冬瓜、蘑菇、慈菇、紫菜、甘蔗、柿子、荸荠、梨、枇杷、香蕉、橘、柚、葡萄。

谷类：薏米、糯米。

肉类：猪肺、猪皮、鹅肉、鸭蛋、白鸭肉、鲢鱼。

归肾经食物（属水）：

药食类：海藻、海马、桑椹、薏米、枸杞子、胡桃仁、肉桂、芡实、莲子。

菜果类：大蒜、芥菜、香椿、豇豆、栗子、韭菜、韭子、花椒、小茴香、樱桃、石榴、葡萄、李子。

谷类：蚕豆、小米、小麦、黑芝麻、黑大豆、薯类。

肉类：海蜇、海参、鲤鱼、鳝鱼、虾、黄鱼、火腿、猪肉、猪肾、猪肝、猪血、猪心、鹌鹑蛋、白鸭肉、羊肉、狗肉、紫河车、鸽蛋。

归胃经食物（属土）：

药食类：生姜、淡豆豉、蒲公英、佛手、山楂、大枣。

菜果类：胡椒、小茴香、韭菜、甘蔗、苹果、梨、桃、樱桃、西瓜、橘、柚、榛子、荸荠、柠檬、蘑菇、萝卜子、南瓜子、土豆、葱、苦瓜、莲藕、茄子、西红柿、菠菜、扁豆、豌豆、豆腐、木耳、白萝卜、丝瓜、竹笋、白菜、芹菜、黄瓜。

谷类：高粱、糯米、小米、绿豆、荞麦、大麦、酒、醋。

肉类：牛奶、鸡肉、猪肉、猪心、猪蹄、猪肝、猪血、火腿、狗肉、牛肉、青鱼、鲫鱼、田螺、黄鱼。

尤其要引起重视的是，不但各种食物具有五行属性，而且各种中药材也都具有五行属性。可惜在后来只见到食物的五行属性在中医治疗中的应用，而关于中药材五行属性问题似乎尚未见有人专门研究或讨论过，笔者撰写本书的主要目的之一就是研究这个问题。

笔者认为，在中医理论中人体的经络和脏腑是具有五行属性的，无论是治病还是养生都需要面对经络和脏腑，所以搞清楚中药材的五行属性很有必要。关键问题是，如何确定中药材五行属性？确定的依据是什么？在《神农本草经》《本草纲目》等典籍中标注了每味药材的药性、功效、药味和产地等信息，详细一点的还介绍了该药材的配伍禁忌。但是只是在少数几部典籍中看到了关于中药材五行属性的论述。

这个问题让笔者困扰、思考了很久，查阅了许多资料都没有得到结果。但是笔者始终认为既然宇宙万物都具有五行属性，那么中药材也应该具有五行属性。当然，这与上一节中介绍的笔者在确定一个汉字的五行属性时遇到的问题类似。笔者从根据一个汉字的读音（五音）来确定这个字的五行属性的方法得到启发。每味中药材都有味道（五味之一），这个味道是每味中药材内在固有的本性之一，而五味是具有五行属性的，所以完全可以根据药材的味道来确定其五行属性。关于这个问题将在本书的第十章中详细探讨。

当然，笔者毕竟不是研究中医和中药材的专业人士，只是在学习研究易经三十余年的基础上，对中医产生兴趣，并想把五行、时辰、方位等传统文化元素的知识与中医理论结合起来，也许能得到一些新的研究结果。于是作了一个将每一味中药材的五味与它的五行属性关联起来的尝试，希望能通过本书引起中医和中药材领域的专家们的重视，并得到指导。

与这个问题密切相关的是另一个问题，即在一张中医处方中每一味药材的剂量（即用量）是如何确定的？据笔者的认知，西药中每一种成分可以经过实验数据进行计算而得出配比。但是中药材的成分相当复杂，不像西药中的成分是单一性的，无法采用计算配比的方法确定剂量多少。况且在古代还没有现代那种分析仪器和设备，更加无法通过计算来确定剂量。关于这个问题将在本书的第十一章中详细探讨。

七、五行与五色、五方和五德的对应关系

表 10　五行与五色、五方、五德的对应关系表

五　行	木	火	土	金	水
五　色	青	赤	黄	白	黑
五　方	东	南	中	西	北
五　德	仁	礼	信	义	智

注："青色"包括了碧色和绿色颜色系列；"赤色"包括了红色、紫色系列；"黄色"包括了土黄色和明黄色系列；"白色"包括了纯白色和乳白色系列；"黑色"包括了蓝黑色和蓝色系列。

五色与五行、五方、五德等元素的对应关系，本质上属于中国古代"天人合一"的宇宙观体系中的一部分内容。从古至今，这些内容无论遇到什么社会环境始终屹立不倒，存在于人们的思想深处。而且在古今建筑学、服饰、中医药学等领域，甚至在相学领域一直发挥着显性和潜移默化的作用。

（一）五行与五色、五方的对应关系

关于颜色分类有多种说法：五色、五光十色、五彩缤纷、五颜六色、万紫千红等，其中有很多与五有关。笔者认为，其中最具内涵的分类就是"五色"。所谓五色，是指青、赤、黄、白、黑。这五种颜色是中国传统文化中最为基础的色彩，在周朝将它们定为"正色"，而其他色彩则被认为是"间色"（即非基础的"中间色"）。西方对颜色的分类有"三原色"之说，与中国存在差异。在传统文化中五色具有与之对应的五行属性，而且五色与五方（东西南北中）也有对应关系。

由于颜色具有五行属性，所以自古以来在运用颜色和确定方位的各种物体、场所和各种各样的活动中，颜色的选择和搭配必须考虑其五行属性。

以建筑风水学为例，建筑物的布局和色调成为建筑风水学中非常重要的因素。这一点在古代尤为突出。像北京故宫之所以选择黄色琉璃瓦作屋顶和红色宫墙，是因为黄色在五色之中居于中央，象征着皇权的天下至尊地位。故宫的宫墙门框、大门均采用红色是遵循了"火生土"的规则，用红色的建筑构件托起了黄色的屋顶，寄托了皇家对江山永固的期望。

2021年是中国共产党建党一百周年，全国各地举办了许多纪念庆祝活动，主色调都是中国红，这也是中国共产党的主色调。从五行理论分析，红色的五行属性为火，中华民族的图腾是中国龙。在十二地支中，龙为辰，其五行属性为土，火能生土，所以采用红色对中华民族和中国共产党都是十分有利的。

还可以用易经作进一步分析，黄顶红墙在卦象上是晋卦。宋朝的大易学家邵雍（邵康节）对晋卦的解释是："日出地上，万物进展，赏赐隆重，百谋皆遂。"当然，古人也说过：一命二运三风水，无论是风水格局还是卦象只是排在第三位的因素。先天的命和后天的运比风水更加重要。这正是明清两朝长寿善终的皇帝寥寥无几的原因。

又如北京天坛的祈年殿、南京的中山陵等等建筑物也都蕴涵了五行与五色的关系运用。

在现在十分热门的养生领域，许多所谓的养生专家对养生和医学知识一知半解，就在各种场合、媒体上夸夸其谈，本质上是在贩卖那些所谓的养生产品。这些所谓的养生专家忘记了"医不叩门"的古训。

如果掌握了五色的五行属性，就能明白各种食物和各种服饰的五行属性，再结合五脏六腑的五行属性，人们完全可以根据自己的体质和病症决定在不同的季节应该吃什么食物，穿戴什么服饰。如果掌握了五方的五行属性，自己就能决定住房和卧室的朝向等等。

（二）五行、五德与五脏、四季的对应关系

人们普遍认为五德（仁、义、礼、智、信）属于儒家思想体系中的概念，实际上由于战国时期的阴阳家邹衍也将五德与五行联系起来，给五德赋予了五行属性，于是五德的应用渗透到了许多领域，不仅仅局限于道德范畴，还扩展到了中医、养生、相学等其他领域。下面介绍五行与五德在中医学和相学领域的一些知识。限于篇幅，在其他领域的应用不作介绍。

五行与五德的关系是：

木主仁，即木之德为仁；

金主义，即金之德为义；

火主礼，即火之德为礼；

水主智，即水之德为智；

土主信，即土之德为信。

1. 五行、五德与中医学的关系

道家文化认为：肝藏仁，心藏礼，肺藏义，肾藏智，脾藏信。如果五德缺失，身体就会发生问题，诸如心态不平、气息不和、脉象大乱、脏腑颠倒、气血受阻等症状。

《黄帝内经中》对情绪和脏腑有如下论述："怒伤肝、喜伤心、忧伤肺、思伤脾、恐伤肾。"人体五脏失调会引起不同的情绪反应，反之，情绪又会影响五脏。

（1）喜伤心

"过喜"和"暴喜"会使心气消耗过度。具体表现是：注意力下降，头晕，心悸，入睡不深，时常惊醒，也就是通常说的"胜利冲昏头脑"，严重时可引起精神失常，或突然晕倒。

应对的办法是：推拿按摩心经或心包经可使血脉通畅，心气充沛，神志安宁。

笔者亲身的经历证明这种方法确实有效。1986 年由于工作劳累，笔者得了心脏病，住院治疗后基本治愈。当时是听了一位医生的建议服用了一段时间的丹参巩固疗效。到 2012 年心脏病复发，那时笔者已经在研究易经，也懂得一些中医知识，自己开了处方治愈，处方中的用药和剂量依据了"心属火"理论。2018 年笔者自驾车外出，返回途中由于劳累，感到心脏不适。当时在高速公路上，无法马上停车休息。只能采用按摩手法对心脏部位按照心属火的规则，边开车边按摩，几分钟后有了好转，坚持开到服务区休息。

（2）怒伤肝

"盛怒"和"暴怒"会使肝气亢奋、逆行，过度消耗肝血。具体表现是：血液运行失常，消化功能出现障碍，还会出现腹胀、腹痛腹泻。严重时还可出现吐血、中风等危及生命的情况。

应对的办法是：推拿按摩肝经和胆经两条经络，通畅肝气，增强正常的疏泄功能，调整血液和津液的运行，使得情志舒畅。

（3）忧伤肺

"忧愁"和"抑郁"会伤肺，导致肺气阻滞、胸闷、气短、呼吸不顺。具体表现是：如果过分忧愁和抑郁，或持续时间过长，会有口舌溃疡、气喘咳嗽、咽喉肿痛、肺痨咯血等呼吸系统疾病。而且，肺主皮毛，所以肺发生问题时还容易患上顽固性皮肤病和毛发的疾病。

应对的办法是：保持心情愉悦，经常推拿按摩肺经的各个穴位。

（4）思伤脾

"思虑过度"和"情志过激"会使气血受阻，气机郁滞。具体表现是：脾胃功能失常，消化吸收功能紊乱，出现食欲下降、食后腹胀、消化不良、便秘、腹泻、贫血、水肿、严重营养不良等症状。

应对的办法是：推拿按摩胃经腧穴（典型的如足三里穴）可以强健脾胃功能，增强消化吸收功能，保证气血在经脉内运行正常。

（5）恐伤肾

"惊恐"会伤心神和肾气。具体表现是：心神受惊，肾精受损，气血失调。出现精神萎靡、嗜睡、神经衰弱、人体免疫力低下、心悸、痴呆等症状。

应对的办法是：推拿按摩肾经腧穴和关元、气海、命门、肾俞等穴位。

需要补充说明的是，按摩这些穴位应该根据"子午流注"中的说法，选择这些穴位所属的经络打开的时辰，这样效果更佳。

2. 五行与四季、健康的关系

前面介绍过每个季节都具有五行属性，人的五脏六腑也具有五行属性。所以人体的五脏六腑健康与否与季节是有关联的。这符合中医理论中"辨证施治"的思想。

五行	金	木	水	火	土
季节	秋	春	冬	夏	长夏
五脏	肺	肝	肾	心	脾
六腑	大肠	胆	膀胱	小肠	胃

（1）春季属木

由于春季和肝脏的五行属性都属木，所以在春季肝气最旺和疏达，此时正是护理肝脏的最佳时机。

（2）夏季属火

由于夏季和心脏的五行属性都属火，所以在夏季心气最旺和神清气爽，此时正是护理心脏的最佳时机。

（3）秋季属金

由于秋季和肺脏的五行属性都属金，所以在秋季肺气最旺，此时正是护理肺脏的最佳时机。

（4）冬季属水

由于冬季和肾脏的五行属性都属水，所以在冬季肾气最旺，肾气乃人的生命之气，此时正是护理肾脏的最佳时机。

（5）长夏属土

所谓长夏是指农历六月，这个月和脾脏的五行属性属土，所以在长夏脾气最旺（这里说的"脾气"不是描述人的性格的脾气，而是脾脏之气），此时正是护理脾脏的最佳时机。

以上介绍了五行理论在健康、医疗等领域的应用基础知识。需要特别说明的是：本书不是医学类书籍，所以重点是介绍与五行理论有关的健康概念，不涉及具体的医学细节（治疗方法和处方）。建议有兴趣的读者去阅读关于健康、医疗这些领域的专业书籍。

前面分别介绍了五行理论与传统文化多个领域的关系及应用。实际上还有许多与五行理论相关联的领域，限于篇幅，不再赘述。

表 11　五行对应关系汇总表

五行	木	火	土	金	水
天干	甲乙	丙丁	戊己	庚辛	壬癸
地支	寅卯	巳午	辰戌丑未	申酉	亥子
五时	平旦	日中	日西	合夜	半夜
五星	岁星（木星）	荧惑（火星）	镇星（土星）	太白（金星）	辰星（水星）
五德	仁	礼	信	义	智
五音	角	徵	宫	商	羽
五色	青	赤	黄	白	黑
五方	东	南	中	西	北
五季	春	夏	长夏	秋	冬
五化	生	长	化	收	藏
五气	风	暑	湿	燥	寒
五忑 *	魂	神	志	魄	精
五脏	肝	心	脾	肺	肾
六腑 **	胆	小肠	胃	大肠	膀胱
五官	眼	舌	唇	鼻	耳
五体	筋	血脉	肉	皮毛	骨（骨髓）
五味	酸	苦	甘	辛	咸

续表

五行	木	火	土	金	水
五志	怒	喜	思	忧、悲	恐、惊
五谷	麦	黍	稷	稻	豆
五果	李	杏	枣	桃	栗子

注：＊ 五炁——即五行之气，出自《关尹子·六匕》。
＊＊ 六腑——六腑中还有三焦，它不是单一脏器，而是由几个脏腑组成。

八、五行理论与宗教的关系

世界上的三大宗教佛教、基督教和伊斯兰教都是从境外传入中国的，在阴阳五行理论体系形成时，佛教、基督教和伊斯兰教尚未传入中国。由于基督教和伊斯兰教在传入中国后，与中华传统文化始终属于不同的体系，所以诞生于中国本土的阴阳五行理论没有渗透到基督教和伊斯兰教之中。只有佛教自从汉代传入中国之后，吸取了一些中国传统文化的元素，同时中国原有的文化也吸取了一些佛教元素，双方互相渗透和融合。例如，佛教的禅宗与中国传统文化精神紧密相连，自唐代开始逐步地进行了中国化。中国的许多寺庙建筑，尤其是各座寺庙的"大雄宝殿"的建筑风格明显地融入了中国风水学元素。当然，佛教只是融入了一些中国传统文化的元素，并没有全盘中国化。典型的例子是，在佛教的理论体系中没有中国的五行概念，而是讲"四大"：地、风、水、火，与五行无关。当然，在佛教中也有不少与"五"有关的元素。例如在般若波罗蜜多心经中有一句经文"观自在菩萨，行深般若波罗蜜多时，照见五蕴皆空"。但是这里说的"五蕴"是指色、受、想、行、识，也与五行无关。

1. 道教自身的属性

真正属于中国本土的宗教是道教，虽然在1919年五四运动和1949年之后的反封建迷信中，道教萎缩了，但是它始终存活于中国的土壤。尤其是在中国改革开放之后，政治环境日益宽松和开放，道教也得到了一定程度上的发展。道教起源于中国传统文化，所以五行理论必然渗透到了道教理论体系之中。

道教有一个核心的字：玄，所以道教的学说也称为玄学。在五行理论中，玄色为黑色。在道教圣地武当山的金殿中供奉着玄武大帝，而玄武是中国传统文化中的四神兽之一，位于北方。道教将玄武奉为北方之神。根据河图洛书和五行理论，北方属水。所以有一种观点认为，道教自身的五行属性为水。

2. 关于《淮南子》

尤其值得一提的是汉代的著名典籍《淮南子》。它是汉朝的淮南王刘安召集社会上的学者和门客集体创作的一部道家典籍，在道教的发展史上分量很重。唐代学者刘知几在《史通》中评价《淮南子》说："其书牢笼天地，博极古今，上自大公，下至商鞅。其错综经纬，自谓兼于数家，无遗力矣。"《淮南子》的内容包罗万象，涉及哲学、政治、经济、军事、天文、地理、农学、生物、音律、神话等很多领域，类似于一部百科全书式的著作。更重要的是，《淮南子》将阴阳五行理论体系与道家思想体系首次融合了起来。由此可见，道教与中医药领域一样几乎与阴阳五行理论密不可分。

《淮南子》全书四十余万字，分为"原道训""俶真训""天文训""地形训""时则训""览冥训""精神训""本经训""主术训（上）""主术训（下）""缪称训""齐俗训""道应训""氾论训""诠言训""说山训""兵略训""说林训""人间训（上）""人间训（下）""修务训""泰族训""要略"等二十三章，其中很多处涉及阴阳五行理论。诸如：

在"原道训"中有："神托于秋毫之末，而大宇宙之总。其德优天地而和阴阳，节四时而调五行。"意为：其神既依托于细微毫末之中，又扩充至广大宇宙之内。其德性使天地柔顺而阴阳和谐，四时节顺而五行有序。

在"天文训"中有一段话："何谓五星？东方，木也，其帝太皞，其佐句芒，执规而治春，其神为岁星，其兽苍龙，其音角，其日甲乙。南方，火也，其帝炎帝，其佐朱明，执衡而治夏，其神为荧惑，其兽朱鸟，其音徵，其日丙丁。中央，土也，其帝黄帝，其佐后土，执绳而制四方，其神为镇星，其兽黄龙，其音宫，其日戊己。西方，金也，其帝少昊，其佐蓐收，执矩而治秋，其神为太白，其兽白虎，其音商，其日庚辛。北方，水也，其帝颛顼，其佐玄冥，执权而治冬，其神为辰星，其兽玄武，其音羽，其日壬癸。"

这段话将方位、四神兽、五行、日干支等全部囊括了。

在"天文训"中又说："二阴一阳成气二；二阳一阴成气三。合气而为音，合阴而为阳，合阳而为律，故曰五音六律。"意为：二阴一阳成阴气二，二阳一阴成阳气三。阴气二阳气三合成五行之气（水、火、木、金、土）而为宫、商、角、徵、羽五音，二阴合一阳为三（阳数），合二个阳数（三）便得六而为六律。这说明了阴阳、五行、音律之间的关系。这个说法与《孟子·离娄上》所说"不以六律，不能正五音"是一致的。

在"地形训"中将五行的金、木、水、火、土在四季的旺、相、休、囚、死五个状态描述得十分清晰："木壮、水老、火生、金囚、土死。火壮、木老、土生、水囚、金死。土壮、火老、金生、木囚、水死。金壮、土老、水生、火囚、木死。水壮、金老、木生、土囚、火死。"

在"本经训"中说："圣人节五行，则治不荒。"意为：圣人能够善于调节五行，那么治理国家就不致荒废。告诉了人们五行对治理国家的作用。

在"主术训（上）"中说："事不在法律中而可以便国佐治，必参五行之，阴考以观其归，并用周听以察其化，不偏一曲，不党一事，是以中立而遍，运照海内，群臣公正，莫敢为邪，百官述职，务致其公迹也。"论述了五行理论在治理国家中的作用。

在"精神训"中有："天有四时、五行、九解、三百六十六日，人亦有四支、五脏、九窍和三百六十六节。"将天时、五行和人体五脏联系在了一起。

在"氾论训"中说："武王克殷，欲筑宫于五行之山，周公曰：'不可！夫五行之山，固塞险阻之地也，使我德能覆之，则天下纳其贡职者迥也；使我有暴乱之行，则天下之伐我难矣。'"将五行理论运用到了风水学领域。

在"兵略训"中说："将者，必有三隧、四义、五行、十守。所谓三隧者，上知天道，下习地形，中察人情。"意为，将帅必须具备的条件有三隧、四义、五行和十守。所谓"五行"是指将帅的为将之道：要做到能柔软但不卷曲，虽刚强但不折断，要心怀仁慈但不可侵犯，为人要有信誉但不容欺骗之事，性格勇敢但不可凌辱。善于用兵者，就掌握着五行相克相生的道理来应对敌人，所以能取得胜利；而不善于用兵者，就不能掌握五行相生相克的道理，故常被人制服而被俘。

在"兵略训"中又说:"明于奇正,赅阴阳、刑德、五行、望气、候星、龟策、机祥,此善为天道者也。"意为,治理国家需要善于运用天道,即明白奇正、阴阳、刑德、五行、望气、占星、龟策、祭祀。

在"兵略训"中还说:"古得道者,静而法天地,动而顺日月,喜怒而合四时,叫呼而比雷霆,音气不戾八风,础伸不获五度。"意为,古代得道者静时效法天地,动时顺应日月,喜怒变化符合四时规律,呼喊与雷霆相应,声音气脉不逆八风,收缩伸展不乱五行。

上述几段内容证明《淮南子》将五行理论与军事理论关联了起来。

在"泰族训"中说:"五行异气而皆适调,六艺异科而皆同道。"意为:五行金、木、水、火、土各自的气质不同,但都是可以协调的;六艺的门类各不相同,但它们的本质是一致的。

在最后一章"要略"中归纳了前面二十二章的要点,其中有:"原人情而不言大圣之德,则不知五行之差。"是告诉人们一个道理:探索人之常情而不研究和遵从圣人的道德,便不知道五行之间的差别,于是无论去治国或者齐家都将难以有成就。

有人评价《淮南子》是一部百科全书一点也不为过,因为书中涵盖了哲学、政治、经济、军事、天文……许多领域。本章只是介绍道教与阴阳五行理论的关系,对《淮南子》所涵盖的领域不作全面阐述。

第六章　阴阳理论

　　阴阳与五行两大理论体系构成了中国传统文化的理论基础和支柱，它属于中国古典哲学范畴，并广泛应用于传统文化和民俗的各个领域。古人对事物本质的认知来自古典哲学，所以对各种人和事产生原因的分析，以及对未来结果的预测都会从阴阳五行理论体系中寻求答案。与五行一样，如果没有阴阳理论，中国传统文化中许多领域就失去了理论支柱，"皮之不存毛将焉附"。多年来的批判封建迷信，导致很多人对阴阳有误解。只要说到阴阳，就会被扣上迷信的帽子。有些人甚至将阴阳理论划作禁区，噤若寒蝉。好在近年来中国政治环境越来越宽松，阴阳理论有了生存空间。从 2016 年开始，它成为中国公民科学素质的基准点之一。

　　在春秋时代，中国社会上各种思想十分活跃，是学术思想界百家争鸣、百花齐放的时期。后世将这个时期的各种思想称为"诸子百家"。其中有一家叫作"阴阳家"，就是信奉阴阳理论的学术派别。阴阳家的代表人物是著名的鬼谷子。《史记》中有关于阴阳家的记载："尝窃观阴阳之术，大祥而众忌讳，使人拘而多所畏。然其序四时之大顺，不可失也。……夫阴阳、四时、八位、十二度、二十四节，各有教令。顺之者昌，逆之者不死则亡，未必然也。故曰：使人拘而多畏。夫春生夏长、秋收冬藏，此天道之大经也，弗顺则无以为天下纲纪。故曰：四时之大顺，不可失也。"《汉书·艺文志》也记载："阴阳家者流，盖出于羲和之官，敬顺昊天，历象日月星辰，敬授民时，此其所长也；及拘者为之，则牵于禁忌，泥于小数，舍人事而任鬼神。"

　　由于信奉阴阳家这个派别的人数历来较少，又由于后世的其他原因，时至今日，儒家、道家等学术派别在中国依然存在，而阴阳家已经见不到了。但是在日本还有一些人仍然在研究阴阳理论，甚至有一种职业叫作"阴阳师"。

一、阴阳说的起源

　　阴阳是中国最古老的哲学观念之一，它起源于氏族社会人类对自身和自然界物象的观察。尽管阴阳观念形成于氏族社会，但由于受当时文字发展水平等因素的局限，直到西周末年周幽王时期，（西周）的太史官阳伯父认为阴阳是存在于天地之间的两种气，他用阴阳二气的交感变化来解释地震的现象，并根据周幽王二年发生的岐山地震，预言西周会在十年内亡。历史也证实了他的预测。老子（东周时期）在阴阳两气理论的基础上提出"万物负阴而抱阳"（《老子·第四十二章》）的观点，认为一切事物都具有阴阳对立的属性。至此开始形成了阴阳理论二元化的雏形。老子所处的时代是宗法制解体、王权旁落的春秋末年，社会结构发生了很大的变化。因此，老子所确立的二元化阴阳理论无法融入以王权为主体的政治领域。那些王族信奉王权和宗法至上，不可能接受让阴阳理论凌驾于王权和宗法之上的理念。

中国古代民间神话传说中有"两仪二圣"（太阳烛照，太阴幽荧）两种神兽。"太阳烛照"与"太阴幽荧"在后来的神话中基本上见不到了，只有一些古籍善本以及一些青铜器当中的零星记载，至于太阴幽荧的记载更加稀少，只有极少数出土的青铜器上有铭文记述，这对于神话学界来说是一大遗憾。太阳烛照是古代神话中，由绝对至阳之气与太阳之精共同所化的圣兽，为宇宙诸天中最强大尊贵的圣兽，曾被称作圣神。太阴幽荧是古代神话中，由先天至阴之气与太阴之精共同所化的圣兽，为宇宙诸天中仅次于太阳烛照的圣兽。据有人考证，太阳烛照是中国的先民观察到了太阳黑子的佐证，并认为烛照是先民对太阳黑子的神话的认知。而太阴幽荧则来源于先民对月亮造成的日全食的崇拜。但是，太阳烛照和太阴幽荧始终没有考古的实证，也没有文献的佐证。至此，将太阳烛照的本性认定为阳、太阴幽荧的本性认定为阴已经形成。于是，后来的人们直接将阳和阴代表的两仪认定为天地间的两种气，并称之为"阳仪"和"阴仪"。由此开始，两仪这个概念被归入了中国古代哲学范畴，并产生了关于两仪的多种说法：一说为阴阳，一说为天地，一说为奇偶，一说为刚柔，一说为玄黄，一说为乾坤，一说为春秋。但普遍认为是指阴阳。

虽然迄今为止也没有到底是何人第一个正式提出阴阳理论的确证，但是，阴阳理论出现于夏朝，在周朝形成了阴阳二气说，成为哲学范畴的一种理论体系，已经是公认的共识。所以，在周文王所确立的被称为百经之首的《周易》中已经有了与阴阳有关的说法。

"太极生两仪，两仪生四象，四象生八卦，八卦定吉凶，吉凶生大业。"这一说法最先出自《易经·系辞上传》。八卦是中国古代人民的基本哲学概念。所谓八卦是指乾、坤、震、巽、坎、离、艮、兑八个卦象。八卦是由太昊伏羲氏，也就是伏羲画出的。八卦其实是最早的符号性文字，也是一套符号体系。它是中国传统文化中根据阴阳和五行一体的理论来推演天地间的空间、时间、各类人事关系和人类各种活动的工具。两仪在《易经》中指阴（— —）和阳（——），即易经中说的阴爻和阳爻。这个说法与两仪乃阴阳是一致的。

《易传·系辞》云："一阴一阳之谓道。继之者善也，成之者性也。仁者见之谓之仁，知者见之谓之知。"有人认为，"一阴一阳之谓道"，这个"道"是指"道理"和"规律"。阴阳之道是中国传统文化的核心观点之一。

《淮南子·天文训》对此的解释是，天地未分以前，待到混沌初开之后，轻清者上升为天，天为阳气；重浊者凝结为地，地为阴气。二气相互融合和转化，于是产生了万物。所以说，阴阳是物质存在的两种基本状态，在不断运动的过程中相互转化，成为物质形成的基础。

刘勰在《文心雕龙》中说："仰观吐曜，俯察含章，高卑定位，故两仪生矣。"这里所说的"含章可贞"，就是易经中坤卦六三爻的爻辞。也佐证了后世对两仪就是指阴阳的说法的认可。

在《说文解字》中对"阴"的解释是："暗也，水之南、山之北也。"对"阳"的解释是："高明也，对阴言也。"

图12　两仪生四象，四象生八卦图

表 12　两仪四象八卦

八卦	坤☷	艮☶	坎☵	巽☴	震☳	离☲	兑☱	乾☰
四象	太阴		少阳		少阴		太阳	
两仪	阴				阳			
太极	太极							

　　总而言之，阴阳理论起源于中国古人的自然观，古人观察了各种自然现象，以及生活中各种对立的人和事，诸如天地、日月、昼夜、寒暑、男女、上下等等，归纳出"阴阳"的概念。它们是一组相对的概念，阴和阳既相互对立，又相互依存。即阴阳虽然相对立，但是缺一不可。如果没有阴，也就没有阳；如果没有阳，也就没有阴。数千年来，阴阳理论和五行理论已经渗透到中国传统文化几乎所有领域，包括宗教、哲学、历法、中医、书法、建筑、堪舆、占卜、武术等等。这里说的阴阳理论对宗教的影响，不仅仅指它对中国本土宗教的影响，也包括对外来宗教的渗透和影响。例如在佛教理论中，本没有阴阳之说。佛教中有六凡之说：天、人、阿修罗、畜生、鬼、地狱。在佛教传入中国之后，佛教所说的"鬼"和"地狱"被解释为属于阴间的东西，于是有了阴阳之分。

　　至此，笔者认为，阴阳的起源时间已经基本明确，至于具体是哪一位先贤第一个提出并采用阴阳这个名词的问题可以不必纠结。

　　《说文解字》对"阴"的注释是："暗也，水之南、山之北也。"《说文系传》曰："山北水南，日所不及。"《说文解字》对"阳"的注释是："高明也。"《说文解字义证》曰："高明也，对阴言也。"这说明阴和阳是一组相对的概念，它们源自中国古代的人们对自然界和人类社会各种事物、现象的认识和归纳。古代思想家认为，宇宙间一切事物都是由互相对立又互相依存的两个方面构成的，这两个方面就称为阴阳。例如：天和地、日和月、昼和夜、内和外、上和下、左和右、男和女、高和低、白和黑、水和火、动和静、升和降，等等。

　　毫无疑问，阴阳的概念早在黄帝时代就已产生并应用。《黄帝内经·素问》曰："阴阳者天地之道也，万物之纲纪，在变化之父母，生杀之本始，神明之府也，故治病必求于本。"此后的历代学者将阴阳概念发展成为一门学说。在战国时代，阴阳家成为诸子百家中的重要一家，位列《汉书·艺文志》中列举的儒、道、阴阳、法、名、墨、纵横、农、杂、小说等十家之中。阴阳学说认为，宇宙间任何事物都具有既对立又统一的阴阳两个方面，两者经常不断地运动和相互作用。这种运动和相互作用，是一切事物运动变化的根源。古人把这种不断运动变化，叫作"生化不息"。宇宙间一切事物的生长、发展和消亡，都是事物的阴阳两个方面不断运动和相互作用的结果。因此，阴阳学说成为人们认识和掌握自然界规律的一种不可或缺的思想方法。

阴阳是中华文化特有的概念，在其他国家和民族的文化中是没有的。在东亚（如日本、韩国）和东南亚（如越南、新加坡）的一些国家虽也有阴阳理论的存在，但那都是从中国传播过去的。因此，阴阳学说当之无愧是中国特有的非物质文化遗产。

可以说，阴阳学说已经深深嵌入包括中医在内的中国传统文化所有的领域。如果没有阴阳理论，无法想象这些领域会是什么状况（例如，在传统中医领域，阴阳的概念无处不在）。

五行学说也是与阴阳学说密不可分的。五行学说将天地间万物加以分类，而阴阳理论用"阴"和"阳"的概念给万物赋予了与天地相关联的属性。因此人们将二者合并称为"阴阳五行"，也有人称之为"阴阳五行理论"，而且认为万物通过五行属性给"阴"和"阳"赋予了具体的"象"。

二、阴阳理论的哲学内涵

阴和阳是属于哲学范畴的一对矛盾体。阴阳最初的含义很简单，根据太阳的向背区分阴和阳，面向太阳者为阳，背向太阳者为阴。后来逐步引申到将气候的寒暖，方位的上下、左右、内外，运动形态的动和静等都区分为阴和阳。

阴阳理论认为，天地间所有的事物都包含阴和阳两个方面。都能够根据阴阳属性进行划分。当然这种划分阴阳必须是针对互相关联的一对事物，或是一个事物的两个方面，这样才有实际意义。对于互不关联的两个事物，或者说不是一个事物成对的两个方面，划分阴阳属性是没有意义的。

后面还将介绍事物的阴阳属性既互相对立，又能够互相转化，即阴能够转化为阳，阳也能够转化为阴。

三、阴和阳的相互关系

在太极图中黑色部分为阴，白色部分为阳，而且在阴中有阳，在阳中有阴，由此构成了一幅世界上独一无二的阴阳鱼图案，它展示了宇宙中阴和阳始终在流动不息、相互转化。

图13 阴阳太极图

阴和阳之间相互关系有四种：阴阳对立、阴阳互根、阴阳消长和阴阳转化。阴和阳自身的状态有自和与平衡两种：

阴阳平衡：是指阴阳双方在相互对立和相互作用中处于大体均势的状态，即阴阳能自我协调到相对平衡的状态。

阴阳自和：是指阴阳双方自动维护和调节恢复，从而能自我协调稳定状态的能力和趋势。

1. 阴阳对立

阴阳学说认为一切事物都有着相互对立的阴、阳两个方面，如上与下、天与地、动与静、升与降等等，其中上属阳，下属阴；天为阳，地为阴；动为阳，静为阴；升属阳，降属阴。

阴阳对立，这两个方面相互抑制，并相互约束，以维持一个动态的平衡。例如，温热可以驱散寒凉，但是若没有足够的热力，则会变得非常寒冷。而寒凉则可降低温热。又如人体的生理功能，兴奋的机能（阳）与抑制的机能（阴）经常处于相互制约的平衡状态。如果失去了这种动态的平衡，则兴奋或者抑制就会过盛，从而产生健康上的问题。

2. 阴阳互根

阴与阳是一对统一体，无论哪一方都不可能脱离另一方而独立存在。犹如一张纸一定具有两个面。阴阳双方都需要依靠另一方作为其存在的依据，例如，上为阳，下为阴，如果没有上也就无所谓下；又如，热为阳，冷为阴，如果没有冷也就无所谓热。这种关系就是所谓"互根"的关系。阳依存于阴，阴亦依存于阳。每一方都以相对的另一方的存在作为自己存在的条件。从哲学的角度看，"阴阳互根"就是阴阳相互"创造"了对方，并不断地促进对方，这就是互根互用的关系。

古人对这个问题已经有了完整的认识。例如老子在《道德经》中说："孤阴不生，独阳不长""无阳则阴无以生，无阴则阳无以化"。还有"万物负阴而抱阳，冲气以为和"等等说法。

3. 阴阳消长

阴阳之间的对立制约、互根互用并不是一成不变的，而是始终处于一种消长变化过程中的，阴阳在这种消长变化中达到动态的平衡。通过相互对立制约，阴阳维持着平衡状态。这种平衡不是静止和绝对的，而是维持于一定的范围、限度及时间段之内。换句话说，消长变化是绝对的，动态平衡则是相对的，这就是所谓的阴阳"消长平衡"。

某些时候，阴长（增长）而阳消（消退）。其他时候，则阳长而阴消。四季的变化正好佐证了这个概念，从冬至春，春至夏，气候从寒冷逐渐转暖变热，这是阴（冷）消阳（热）长的过程。从夏至秋，秋至冬，气候由炎热逐渐转凉变寒，而这是阳（热）消阴（冷）长的过程。

阴阳消长，白天阳盛，人体的生理功能则以兴奋为主。而夜间阴盛，人体的生理功能相应地以抑制为主。从子夜到中午，阳气渐盛，人体的生理功能逐渐由抑制转向兴奋，这就是阴消阳长。而从中午到子夜，阳气渐衰，则人体的生理功能由兴奋渐变为抑制，这就是阳消阴长。

最典型的例子是，每年的昼夜长短变化转折点是每年二十四个节气中的夏至和冬至两个节气。夏至节是天地间阳气从旺盛走向衰弱，阴气从衰弱走向旺盛的转折点（阳消阴长），所以夏至这一天白昼最长，然后开始日短夜长的变化；冬至节是天地间阴气从旺盛走向衰弱，阳气从衰弱走向旺盛的转折点（阴消阳长），所以冬至这一天黑夜最长，然后开始夜短日长的变化。这正是六十四卦中的地雷复卦䷗，揭示的是"一阳始生"的状态。

4. 阴阳转化

阴阳双方在一定的条件下还可以互相转化，即所谓物极必反。如果说阴阳消长是一个量变的过程，那么阴阳转化则是质变的过程。阴阳消长是阴阳转化的前提，而阴阳转化则是阴阳消长发展的结果。前面所说的夏至节和冬至节就是阴阳消长到了一定火候，阴阳会相互转化的证明。

在阴阳理论体系中，阴阳双方发生转化是因为阴阳的"互藏互寓"。即阴中有阳，阳中有阴。由于阴中有阳，阴才有向阳转化；由于阳中有阴，阳才有向阴转化。当然，阴阳转化的过程是渐变而不是突变。例如冬至节之前，处于冬季，天地阴气很旺盛，但是随着日照的逐步变强，阳气不断增强，阴气不断变弱。冬至节这一天就是阴阳转化的转折点。前面介绍的太极图将阴阳转化的过程用图形展现了出来。

而且，不仅仅天地间阴阳转化过程是如此，其他会发生阴阳转化的现象也大都如此。例如，在中医理论中，人体内是可以通过各种手段（药物、针灸、养生等等）让阳气和阴气的旺衰状态产生转化的。

但是必须明确的是，并不是所有成对的阴阳都会像天地间阳气和阴气这样转化。有些成对的阴阳是不会发生从一方转化为另一方的。例如，男人和女人这对阴阳，男人为阳，女人为阴，二者不可能从一方转化为另一方，男人不会变成女人，女人也不会变成男人。在北半球，山的南面为阳，山的北面为阴，二者也不可能转化。除非将这座山整个地搬到南半球，但这是做不到的。

四、阴阳的类象

阴和阳究竟为何物？这个问题很有必要搞清楚，否则阴阳会被误解为虚拟和缥缈的东西。笔者认为，五行的金、木、水、火、土是古人对宇宙万物属性的分类，所以都有实质性的物质或物体与之对应，或者这些物质和物体都具有各自的五行属性。而阴阳则不同，它们不是指某一类物质或物体，而是宇宙万物所具有的各自的内在阴阳属性。即使是五行中的金、木、水、火、土各类属性的物质和物体也都具有阴阳属性。（关于五行和阴阳两套理论体系的结合将在下一章详细讨论）这就是阴和阳的本质，是一切天地间事物最基本的互为对立面的内在属性。所以前面说过，中国传统文化中的阴阳根本不是什么鬼怪，而是宇宙万物的内在属性。但是，这个观点与近些年来成为热议话题的"超自然现象"无关。社会上有些人只要一说到"阴"，似乎就是指阴间和鬼怪，这种认识是误区，是对阴阳理论的歪曲。

应该说，古代的先贤已经对这个问题有了理性的认识，并分清了宇宙万物的内在阴阳属性。从宏观层面说，凡是运动的、外向的、上升的、温热的、明亮的都属于阳性；凡是静止的、内守的、下降的、寒冷的、晦暗的都属于阴性。对于人体而言，凡是带有活跃、温煦、兴奋等作用的物质和功能都属于阳性；凡是带有凝聚、滋润、抑制等作用的物质和功能都属于阴性。古人就是根据这个认知将天地间万物进行了分类，并区分了各自的阴阳属性。

天地：天为阳，地为阴。

日月：日为阳，月为阴。

虚实：实为阳，虚为阴。

轻重：轻为阳，重为阴。

上下：上为阳，下为阴。

左右：左为阳，右为阴。

前后：前为阳，后为阴。

远近：远为阳，近为阴。

清浊：清为阳，浊为阴。

明暗：明为阳，暗为阴。

处事：放下为阳，执着为阴。

升降：升为阳，降为阴。

昼夜：昼为阳，夜为阴。

早晚：早为阳，晚为阴。

冷热：热为阳，冷为阴。热情为阳，冷淡为阴。

燥湿：燥为阳，湿为阴。

四季：暑为阳，寒为阴；春夏为阳，秋冬为阴。

动静：动为阳，静为阴。

速度：快为阳，慢为阴；急为阳，缓为阴；速为阳，迟为阴。

国家：君王为阳，臣民为阴。

尊卑：尊为阳，卑为阴。

家庭：父为阳，母为阴；夫为阳，妇为阴。

雌雄：雄为阳，雌为阴。

本末：本为阳，末为阴。

始终：始为阳，终为阴。

高低：高为阳，低为阴。

攻守：攻为阳，守为阴。

雷电雨雪：雷电为阳，雨雪为阴。

表里：表为阳，里为阴。

内外：外为阳，内为阴。

身体：皮为阳，骨为阴。

男女：男为阳，女为阴。

得失：得为阳，失为阴。

进退：进为阳，退为阴。

数理：奇为阳，偶为阴。即：1、3、5、7、9为阳，2、4、6、8、0为阴。

多少：少为阳，多为阴。

（聚散：聚为阳，散为阴。）

门庭：开为阳，合为阴。

出入：出为阳，入为阴。

通隔：通为阳，隔为阴。

向背：向为阳，背为阴。

宽窄：宽为阳，窄为阴。

命理：生为阳，死为阴；

起伏：起为阳，伏为阴。

显隐：显为阳，隐为阴。

盛衰：盛为阳，衰为阴。

强弱：强为阳，弱为阴。

刚柔：刚为阳，柔为阴。

软硬：硬为阳，软为阴。

上述分类基本上囊括了自然界和社会中各种人和事的类象的阴阳属性。所以说，阴阳属性不是虚拟和缥缈的东西，是依附于各种载体的。至于中医领域所说的阴阳则另有一套体系，将在后文详细论述。

五、中医领域中的阴阳

中国古代的医学家采用阴阳五行理论解释人体生理、病理的各种现象，用以指导总结医学知识和临床经验，并逐步形成了以阴阳五行学说为基础的中医药理论体系。

《黄帝内经》是中医药领域的第一部典籍，虽然其中没有直接用五行这个词语，却有许多关于阴阳的论述。例如，《灵枢·阴阳系日月》："阴阳者，有名而无形。"《素问·阴阳应象大论》："阴阳者，天地之道也，万物之纲纪，变化之父母，生杀之本始，神明之府也。"《素问·阴阳离合论》："阴阳者，数之可十，推之可百；数之可千，推之可万；万之大，不可胜数，然其要一也。"即阴阳可以无限地细分。

由于本书不是一本中医的专业书籍，所以主要介绍以下几点。

1. 阳气和阴气

（1）阳气

中医关于人体的阳气之说，按照脏腑机能划分，阳气是指六腑之气；按照营卫之气划分，阳气是指卫气；按照运动的方向和性质划分，阳气是指行于外表的、向上的、亢盛的、增强的、轻清的气。《素问·生气通天论》云："阳气者，若天与日，失其所，则折寿而不彰。阳气者，精则养神，柔则养筋。"

阳气是人体生殖、生长、发育、衰老和死亡的决定因素，人的正常生存需要阳气支持，它能够温养人体和维护脏腑。所以有"得阳者生，失阳者亡"的说法。阳气越充足，人体越强壮。反之，阳气不足，人就会生病。如果阳气耗尽，人就会死亡。《黄帝内经·灵枢》说："人到四十，阳气不足。损与日至。"是说随着年龄的增长，人到了四十岁之后，阳气会逐渐亏耗。阳气虚就会出现生理机能衰退，身体御寒能力下降。人的正常机体运转、工作、运动、性生活、情绪波动、适应气温变化、修复创伤等各项活动都是需要消耗阳气的。

阳气有两个来源：其一来自父亲和母亲，为先天性的。其二主要从食物中摄取的水谷精气转化而来，为后天性的。

（2）阴气

阴气这个词来源于周易，古阴阳家关于阴阳理论的术语，后来进入到宗教、哲学、医学、历法、书法、堪舆学、命理占卜等多个领域。在这些领域中，唯有中医领域的阴气是指与人体有关的一种属性。

阴气是与阳气相对应的，是指寒气和肃杀之气。《管子·形势解》云："秋者阴气治下，故万物收。"阮籍的《咏怀》云："朔风厉严寒，阴气下微霜。"邹韬奋在《萍踪寄语》中描述伦敦蜡像馆说："在伦敦的蜡人馆里，还在地窖里布置许多被监禁或枪决的著名犯人，阴气逼人，如游阴间。"还有一种说法，认为阴气是女人之气。老舍的《神拳》中有一句台词："我们练团，得躲着女的，女人是阴气，阴气一冲，法术就不灵了。"固然在划分阴阳类象时，将男人定为阳，女人定为阴，但他们说的这个阴气和阴并不是中医所说的阴气。这个说法反映了现代人的一种观点：只要说到"阴"和"阴气"就等同于阴间。但与中医说的阴气有本质上的不同。

2. 人体的各个部位和活动有阴阳

人体中不同的部位和组织，以至一个人的精力和生理活动，都分别带有阴阳属性。例如：

背部为阳，腹部为阴；

外表为阳，内里为阴；

上部为阳，下部为阴；

活动为阳，静止为阴；

流动性好为阳，流动性差为阴；

力与精神为阳，体液与温度为阴，等等。

而且，人体的经络系统和脏腑都分为阴属性与阳属性。关于这个脏腑和经络的阴阳属性将在下面介绍。

按照中医辨证施治的理论，各种病症类型也可以按照阴阳分类。

3. 经络分阴阳

中医对人类医学的重要贡献之一是创立了经络体系，这是西方医学所没有的学问。许多人认为经络是虚无缥缈的，运用西方医学的解剖术在人体内找不到经络的物理存在。这是一种狭义的唯物论，并不是所有的物都是看得见摸得着的。最典型的例子是无线通信中的无线网络和无线信号既看不见也摸不着，但是没有人会说无线网络是虚无缥缈的。中国和国外都有一批学者在研究探索经络是否存在的问题上取得了可喜的成果。即使在西方的医学界也已经有人开始承认经络的作用，甚至承认经络是存在的。

中医认为经络是运行气血、联系脏腑和体表及全身各部的通道，是人体功能的调控系统。是联络脏腑形体官窍、沟通上下内外、感应传导信息的通道系统，是人体结构的重要组成部分。

经络学也是人体针灸和按摩的基础，是中医学的重要组成部分，是中医学基础理论的核心之一。在中华民族数千年的历史长河中，一直为保障人们的健康发挥着重要的作用。

"经"的原意是"纵丝"，即在人体内部的纵向路径，是主路，也称为"经脉"。"络"的原意是"网络"，即由主路分布出来的辅路，也称为"络脉"；它分布在人体的表面，纵横交错，构成了一张网络。经和络共同组成了人体的经络系统，它包括十二经脉、十二经别、奇经八脉、十五络脉、十二经筋、十二皮部等。

《灵枢经》是关于经络和针灸的中医重要典籍之一。《灵枢·脉度》云："经脉为里，支而横者为络，络之别者为孙。"

经过了多年的争论和实践验证，现代医学和现代物理学开始承认经络，认为经络是人体细胞群、体液、组织液之间交换能量的通道，并且形成低电阻、神经信息和生物电信号的网络系统。

由于经络系统是人体的重要组成部分，而按照中医理论，人体无论是整体还是各个组成部分都具有阴阳属性，所以，经络也毫不例外具有阴阳属性。人体有十二条主要经络（也称为"正经"），分别是手部的三条阴经、三条阳经，足部的三条阴经和三条阳经，合起来一共十二条经络。在十二条经络之外还有奇经八脉等其他经络。本书只是介绍经络的阴阳属性，不讨论人体完整的经络体系。

十二条经络的阴阳分类如下：

手部属性为阳的经络：手太阳小肠经、手阳明大肠经、手少阳三焦经。

手部属性为阴的经络：手太阴肺经、手少阴心经、手厥阴心包经。

足部属性为阳的经络：足太阳膀胱经、足阳明胃经、足少阳胆经。

足部属性为阴的经络：足太阴脾经、足少阴肾经、足厥阴肝经。

十二条经络与阴阳五行的关系如下：

手太阴肺经：肺为阴金，故对应辛酉金。

手阳明大肠经：大肠为阳金，对应庚申金。

手少阴心经：心为阴火，对应丁巳火。

手太阳小肠经：小肠为阳火，对应丙午火。

手厥阴心包经：心包主血，五行论水为血，与肾水成既济之象，故对应癸水。

手少阳三焦经：三焦为腑属阳，功能为运行元气和水谷，主流动之象，故对应壬水。

足太阴脾经：脾为阴土，对应己丑未土。

足阳明胃经：胃为阳土，对应戊辰戌土。

足厥阴肝经：肝为阴木，对应乙卯木。

足少阳胆经：胆为阳木，对应甲寅木。

足少阴肾经：肾为阴水，对应癸亥水。

足太阳膀胱经：膀胱为阳水，对应壬子水。

此外，古代医家认为背部为阳，腹部为阴。所以十二经络之外的任脉和督脉也有阴阳之分：任脉行走于腹部，故为阴；督脉行走于背部，故为阳。

在《黄帝内经》中，根据阳性和阴性的强弱将经络的阴阳属性分为三阳三阴几类，其中，阳属性的经络分为太阳、阳明、少阳三类，阴属性的经络分为太阴、厥阴、少阴三类。太阳、阳明和少阳的区别是：太阳为阳气最旺的状态，阳明为次旺的状态，少阳则是阳气衰退开始转阴的状态。太阴为阴气始盛的状态，少阴为阴气最旺的状态，厥阴则是阴气衰退开始转阳气的状态。医圣张仲景总结出了这六类经络辨证施治的顺序：太阳——→阳明——→少阳——→太阴——→厥阴——→少阴。

根据经络以及经络的阴阳属性，将病症划分为太阳、阳明、少阳以及太阴、少阴、厥阴六类，它是中医领域的核心理论之一。由此可见，阴阳理论在中医领域非常重要。

4. 穴位具有阴阳属性

中医所说的穴位（又称为腧穴）是与经络密不可分的，它是人体脏腑经络之气输注于体表的部位。所谓"腧穴"，在古汉语中腧与"输"通，即传输、输送之意；"穴"是指孔隙。所以，腧穴是指人体脏腑经络之气传输或输注于体表的肌肉腠理和骨节交会处的孔隙。如果脱离了经络，就不存在穴位的概念，即所谓"皮之不存毛将焉附"。由此可见，如果人体没有经络和穴位，中医领域的针灸学也没有存在的意义。

由于经络具有阴阳属性，所以分布在各个经络上的穴位自然具有所在经络的阴阳属性。即分布在阳性经络上的穴位具有阳的性质；分布在阴性经络上的穴位具有阴的性质。例如，足阳明胃经属于阳性经脉，手太阴肺经属于阴性经脉，于是分布在这两条经络上的穴位也就有了对应的阴阳属性。此外十二正经之外的奇经八脉，由于它们具有阴阳属性，所以其上的穴位也都具有阴阳属性。即使是作为经外穴位的阿是穴，由于其分布在人体的各个部位具有阴阳属性，所以也具有阴阳属性。

从一个人患病时分析，无论是人体的哪一部位有病变，其中必然分布着穴位，而所患的病是具有阴阳属性的，因此在患病部位的穴位也就带有与所患的病相一致的阴阳属性。也就是说，无论从经络还是患病的角度分析，穴位是具有阴阳属性的。至于每一种病的阴阳属性，则已超出本书的讨论范围，有兴趣的读者可以查阅专业的医学书籍和资料。

5. 五脏六腑分阴阳

中医理论认为，人体的脏和腑都是有阴阳属性的，大的分类是五脏为阴、六腑为阳。这样区分的依据是，五脏的心、肝、脾、肺、肾都是实质性脏器，是收纳之地，"藏精气（神）而不泻"，故称为"藏"（即"脏"）。而收藏、收纳的特性属阴。六腑的胃、小肠、大肠、胆、膀胱、三焦都是管腔性脏器，既然是管腔，其特点是《内经》所说的"传化物而不藏"。古人认为这种特性属阳。

　　从上面各点以及关于五行的介绍可见，阴阳和五行理论深入到了中医的多个领域。如果没有阴阳和五行理论，中医的理论体系将不复成立。

表 13　五脏六腑分阴阳

	五　脏	六　腑
脏腑名称	心、肝、脾、肺、肾	胃、小肠、大肠、胆、膀胱、三焦
阴阳属性	阴	阳
形　态	实质性	管腔性
特　性	藏而不泻	泻而不藏

第七章　阴阳五行的融合和应用

阴阳五行学说是中国古代传统哲学思想的结晶，它不但没有随岁月的流逝和科学的突飞猛进淡出人们的视线，相反它蕴含着不曾被人类完全理解的深奥哲理，随着人类认识的升华越来越彰显在我们面前，让我们意识到，它不是那些对它不懂的人扣上的封建迷信，而是人类思维哲学的集大成理论。大约在1998年阴阳理论开始了它的现代化进程。

一、阴阳和五行融合的由来

前面两章分别介绍了五行理论和阴阳理论的起源，以及它们与中国传统文化其他领域的关系和应用。自古以来，阴阳和五行是密切相关的。阴阳理论和五行理论融合后组成了一个属于哲学范畴的新东西："阴阳五行"，是中国古典哲学的核心。阴阳五行是中国古代朴素的唯物论和自发的辩证法思想，它认为世界是物质的，物质世界是在阴阳二气作用的推动下孳生、发展和变化的。前面说过，在2016年，"阴阳五行，天人合一"已被列入中国公民科学素质的132个基准点之一。

当然，对于阴阳五行的批判一直存在，尤其是在1919年以后的反封建迷信运动中将阴阳五行错误地划归封建迷信一类。例如，近代思想家梁启超曾说："阴阳五行说，为二千年来迷信之大本营。"他的这个观点是需要商榷的。随着人类的科学知识，尤其是天文知识的拓展，人们不再局限于狭义唯物论的思维，所以对阴阳五行的批判日渐式微。

从源头上看，阴阳与五行是两套理论体系，它们都源自古人对天地间的万物的各种观察、归纳和分类而得，都具有朴素唯物主义的特点。阴阳的本义是指古人说的"天地之道"，是一种具有阴阳属性的"气"，也是一种力量的象征。《内经·素问·阴阳应象大论》曰："阴阳者，天地之道也，万物之纲纪，变化之父母，生杀之本始，神明之府也，治病必求于本。"而五行木、火、土、金、水，是指构成世界的物质的五种基本属性。如果脱离了五行，阴阳就没有实质性的载体，变得太抽象甚至缥缈；如果没有阴阳，五行金、木、水、火、土就缺少了内在的力量，那么相生相克的关系会缺乏力量。

迄今为止可以见到的资料证明，阴阳和五行的融合大约是在战国中期。《管子·四时》篇将阴阳五行相配，阴阳理论与五行理论逐渐融合。战国末年，邹衍主张"天人感应"，通过"深观阴阳消息"，创立五德始终的循环历史观，将阴阳五行说结合起来。《黄帝内经》《春秋繁露》《白虎通义》等将阴阳说与五行说相结合，从而确定了阴阳配五行的模式，但阴阳说在医学、经学的框架中仍保持相对独立发展的趋势。

《吕氏春秋》按照五行说中的五行相生之理构造了"五德终始说"，以此解释朝代更替，作为帝王受命于天，从而发生朝代更迭的理论依据，深得秦始皇赏识。到了汉代，儒学家董仲舒根据邹衍的天人感应思想加以发挥，以五行说和阴阳说作为论证天人感应的理论依据。他更进一步推演出"阳贵阴贱"的结论，提出"天子受命于天"，将"天"人格化地定为人君之父，提出"天为君纲"，并由此衍生出"君为臣纲""父为子纲"之说。他将阴阳五行理论变成了维护当时统治秩序的工具，得到了历代各个皇朝统治者的赏识。但却使得阴阳五行偏离了其本义，不再属于哲学范畴。

从理论贡献而言，在先秦之前，阴阳和五行是两套理论，各自独立，互不隶属，邹衍将它们往前推进了一步，但还没有将阴阳和五行融合为一套系统。真正将阴阳五行融合成一套体系的是董仲舒开的头，然后班固的《白虎通义》进一步将阴阳、五行紧密合成一套不可分割的理论系统。

从理论层面分析，阴阳可以说是阴阳五行理论的底层基础，五行则是阴阳五行理论的物理性质的载体。由于融合了阴阳概念，五行分别带有阴阳属性，故五行的性质可以从阴阳属性进行判别。东汉学者班固在《白虎通义》中将五行划分为二阳三阴：火属阳、木为阳、水属阴、金为少阴、土属阴，但是这个观点似乎没有被后世学者们采纳。

二、阴阳和五行的关系

从本质上说，阴阳和五行的关系是抽象与具体、形式和内容的关系。就是指阴和阳的属性通过金、木、水、火、土五种物象属性（注意：不是具体的物质）表现出来，反之，金、木、水、火、土除了具有自身的特性之外，还具有各自的阴阳属性。

古人认为，世界在天地混沌的状态称为太极。经盘古开天辟地之后，太极一分为二，清气上升成为天，浊气下降形成地，清气和浊气对应的天地构成了一对阴阳（即两仪）。天地阴阳形成之后，就产生了天地间相应的方位和季节（即空间和时间）。方位即东西南北中，季节即春、夏、秋、冬（以及长夏）。于是与五行有了联系，方位与五行：东属木、西属金、南属火、北属水、中属土；季节与五行：春属木、夏属火、秋属金、冬属水、长夏属土。也就是说，先有了阴阳两仪，然后派生出称为"四象"的方位上东西南北。（注：关于四象还有一种说法是，太阳、少阳、太阴、少阴）

三、阴阳五行的应用

阴阳五行，可以分为"阴阳"与"五行"，然而两者相辅相成，五行必合阴阳，阴阳必兼五行。阴阳五行，成为古代朴素的唯物主义哲学。

阴阳与五行两大学说的合流形成了中国传统文化之中必不可少的思维框架。可以说阴阳是阴阳五行理论的基础，五行则是阴阳五行理论的物象属性（即存在形式）。因此，阴阳与五行属于内容与表现形式的关系。换言之，阴阳的属性是通过金、木、水、火、土五种物象反映出来的。再进一步说，宇宙间的一切事物根据其属性可分为两类：阴类和阳类。无论是阴类事物或者是阳类事物，以及阴类事物和阳类事物之间，都通过金、木、水、火、土五种表现形式具有了相生、相克等关系。

"阳类"事物具有刚健、向上、生发、展示、外向、伸展、明朗、积极、好动等特征；"阴类"事物具有柔弱、向下、收敛、隐蔽、内向、收缩、储蓄、消极、安静等特征。

前面曾经提到，阴阳五行理论渗透到了中国古代社会生活和传统文化，以及现代的社会生活中，在许多领域有既广泛又深入的应用，成了这些领域不可或缺的理论支撑。这也是中华文明与世界上其他几个古文明之间明显的不同。以下介绍阴阳五行理论在几个主要领域中的应用。

（一）建筑风水领域

中国从远古时期进入奴隶制社会之后直至现代社会，人们对居住场所和环境的需求已经融入了阴阳五行理论的元素，其核心内容是"天地人合一"的原则。在建筑物的方位、择地、布局设计以及内部装修布置等方面强调人与天地自然之间相融合。具体表现在以下几个方面：

1. 建筑物的阴阳向背

建筑物是供人居住和活动的，凡是人都离不开阳气，所以建筑物必须利于采集阳气。太阳是天地之间的阳气来源，尽量多地吸纳阳气符合"天地人合一"的基本原则。中国位于地球的北半球，太阳在南方。虽然中国的古人当时尚无地球是圆的概念，但是太阳在南方是人所共知的。所以即使是古代的建筑物，除了少数受地理位置局限无法安排朝向的建筑物之外，绝大多数建筑物为了尽量吸纳阳气，都采取了坐北朝南，即向阳背阴的朝向。

中国的古人对居住环境的阳气与阴气之间的调和问题有过深入的研究。道家典籍中有一本《天隐子》，书中说："天隐子曰，吾谓安处者，非华堂邃宇，重裀广榻之谓也，在乎南向而坐，东首而寝，阴阳适中，明暗相半。屋无高，高则阳盛而明多；屋无卑，卑则阴盛而暗多。故明多则伤魄，暗多则伤魂。人之魂阳而魄阴，苟伤明暗，则疾病生焉。此所谓居处之室，尚使之然，况天地之气，有亢阳之攻肌，淫阴之侵体，岂可不防慎哉！修养之渐，倘不法此，非安处之道。故曰吾所居室，四边皆牕户，遇风即阖，风息即开；吾所居座，前帘后屏，太明则下帘以和其内映，太暗则卷帘以通其外曜。内以安其心，外以安其目，心目俱安，则身安矣。明暗尚然，况太多思虑，太多情欲，岂能安其内外哉。"从中可以看出古人主张居住的房屋应该"阴阳适中，明暗相半"，阳气过盛会伤魄，阴气过盛会伤魂。

2. 建筑物的用材和结构

中国古代的建筑大都是土木结构，而不是砖石结构，除了当时取材难易的因素之外，还与中国的传统文化思想有关。在阴阳五行理论中，金、木、水、火、土中的木的特性是生长、升发、柔和、条达、舒畅。木出于土地，沐浴阳光，承接雨露，向阳而生，生生不息，象征旺盛的生命力，适合作为人类居住和活动的主要场所。

由于砖石材料比土木材料昂贵，而且砖石材料的五行属性为土，其特性是生化、养育、承载、受纳、收藏。所以在中国古代采用砖石结构的建筑物大都是军事防御性建筑、贵族和富豪的私家园林、陵墓以及纪念性建筑物等。

3. 建筑物的形状

中国古代建筑物的形状绝大多数是方形和长方形的，圆形的很少（少数典型的代表是北京天坛的祈年殿）。这是中国古代建筑物与国外的建筑物（例如欧洲、埃及等）的一大区别。笔者认为，其原因是与河图洛书中关于东（属木）、西（属金）、南（属火）、北（属水）、中（属土）五个方位的五行属性概念有关。而方形和长方形象征着规矩和方正，无论是皇家和民间的建筑物都恪守这个大原则。以明清两朝的皇宫——紫禁城为例，故宫内各个建筑物的形状都是方正的。紫禁城中央的三大殿的台基是工字形或倒土字形。古人认为建筑物的位置形状必须分清主从和阴阳。例如皇帝为阳，皇后为阴，所以皇帝居住的乾清宫位于南（阳位），皇后居住的坤宁宫位于乾清宫之北（阴位）。而且皇帝与皇后需要阴阳调和、天地交泰，所以在乾清宫和坤宁宫之间还有一座交泰宫。

此外，紫禁城位于北京城的中轴线，在河图洛书中，中央位置的五行属性为土，是收纳、收藏之地，符合"普天之下莫非王土"的理念。

即使民间的建筑，也都遵循方正的原则。典型代表是北京的四合院，无论是几进的院子，都是正方形或长方形的。

北京天坛祈年殿的四周墙垣为方形，但祈年殿本身的造型为圆形，寓意为"天圆地方"。屋顶采用蓝色琉璃瓦，象征着用于皇帝祭天的祈年殿接近蓝色的天空，在皇帝祈求"风调雨顺、国泰民安"时，上天容易听到。

4. 建筑物的颜色

建筑物各个部件的颜色遵循了五色的五行属性匹配这些部件的功能需求。五色：青（属木）、赤（属火）、黄（属土）、白（属金）、黑（属水）。紫禁城中建筑物的屋顶都采用黄色琉璃瓦，墙壁和门框都采用红色，其寓意是在河图中，土居于中央，而土对应的颜色为黄色，象征着皇权的天下至尊地位。因为古人认为，"普天之下莫非王土"，土地是权力的象征，土多为黄色，黄色成为最尊贵的颜色。皇帝着黄袍，戴黄色帽，穿黄色的靴，就连室内的桌椅和帐幔，都用黄色的绸缎罩面，以突出帝王的尊严。

我国古代社会，托起屋顶的墙壁和门框遵循了"火生土"的规则，所以一律采用红色，寓意是皇家的江山永固。

前面已经介绍了天坛祈年殿蓝色屋顶的寓意，此处不再赘述。还有一个蓝色屋顶的例子是南京中山陵，据说当时采用蓝色琉璃瓦的寓意是蓝色象征苍天，而且孙中山有句名言"天下为公"。如果是这个含义，那么与阴阳五行关联不大。

至于寻常百姓家，由于黄色只有皇家才能使用的规制，以及财力等原因，无法在选择家宅颜色上任意而为。

5. 阴阳五行理论在建筑风水学中的其他应用

古代的建筑物讲究阳气充足，现代的建筑物讲究采光。其实采光的光源来自太阳，阳气足必然采光好。因此阴阳理论在当代的建筑学中仍然发挥着潜移默化的作用。甚至出现了一门全新的学科：生态建筑学，更深入地体现了人与自然的和谐融洽以及对建筑物"趋吉避凶"的需求。由此可见政府将"阴阳五行、天人合一"列入中国公民科学素质基准点之一的科学合理性。古代的先贤认识到人与自然需要和谐和顺应。荀子曾在《天论》一文中说过："天行有常，不为尧存，不为桀亡。应之以治则吉，应之以乱则凶。强本而节用，则天不能贫；养备而动时，则天不能病；循道而不贰，则天不能祸。"

前面曾经介绍古代关于"数"的概念，是源于阴阳学说的。金、木、水、火、土分别对应一个数。在建筑学领域"数"的概念被广泛应用。例如，古人建造房屋的开间常为一、三、五、七、九间，极少用偶数。修造阁楼或佛塔，层数以单数居多；楼层之间以及房屋外台阶的步数绝大多数采用单数（1、3、5、7、11、13……）而不采用双数，因为单数的寓意属阳。即使在现代的建筑中，有兴趣的读者可以关注自己每天上下楼走过的台阶数大部分都是单数。当然并不是说所有房屋的设计者都具有阴阳意识，而是这个原则作为一种设计习惯传承下来了。这一点与西方文化中规避数字"13"或"14"的出发点相同，但内涵不同。

在高层建筑物的楼层数选择问题上，也蕴含了阴阳理论。笔者作为一个业余的风水爱好者曾经帮许多朋友在买楼时选择楼层。实践证明确实有效。①

另外，在中国古代园林中，有许多园林的设计以地面为阳，水面为阴，呈现阴阳交合、阴阳平衡的状态，构成了一幅太极图。

在中国，无论在古代还是现代，人们对安放祖先遗体或骨灰的地方（即堪舆学中所谓的"阴宅"）十分重视，而且阴阳理论发挥了重要作用。在古代，不仅是皇帝和达官贵人对祖先和自己未来的陵园特别重视，寻常百姓对墓地也非常重视。于是在社会上有一批风水师专门从事阴宅的堪舆。时至今日，中国虽已经推行火化，取消土葬，但是如何选择祖先的墓地或骨灰安放位置始终在人们的心中占有很重要的分量。因此古代运用阴阳理论选择阴宅的规则，即使在当代也始终没有消亡，依然在发挥作用。本书不是专门的风水类书籍，所以不作赘述。

（二）阴阳五行理论与社会伦理

阴阳五行理论主张阴阳调和、天人合一。阴阳五行，是中国古代先贤创立的一套世界上独一无二的理论体系。它提出了人类认识自然的全新的概念和理论，弱化了远古时代的神鬼思维。"天人合一"提倡人与自然和谐相处，是中国古代另一个重要的思想。

时至今日，这个思想依然在发挥着重要作用。环境保护当今已成为全世界普遍的共识，中央提出的"绿水青山就是金山银山"号召就是环保意识的具体体现。在社会伦理和治理方面，人们也越来越清楚地认识到"和谐社会""和谐家庭"的重要性。

直至 1949 年之前，由于儒家主张的"三纲五常"中"夫为妻纲"理念以及"男尊女卑"思想的影响，导致社会上普遍存在一夫多妻、重男轻女现象，甚至出现全国男女比例失调问题。从阴阳五行理论的角度来看，这种现象明显违背了阴阳调和的思想。在 1949 年以后，国家提倡男女平等、杜绝一夫多妻现象，从理论根源分析，是与阴阳调和以及社会和谐一脉相承的。

---

① 有兴趣的读者可以参阅笔者写的另一本书《宜居道理》（团结出版社，2015 年出版）。

（三）阴阳五行理论与服饰

服饰是一种文化，由于中西方文化的差异，中西方的服饰也有许多不同。在中国无论是古代还是现代，服饰文化的主流始终传承了传统文化，尤其是阴阳五行理论。黄帝时期就有"垂衣裳而天下治"的说法，强调服饰对一个人的重要性，在服饰方面追求一种天人合一的境界。

中国古人的服装，尤其是帝王和达官贵人的服装除了按照官阶等级有严格规定之外，还蕴含了五行元素。前面曾经介绍过，皇帝的着装以黄色为主色调，其原因是黄色的五行属性为土，为了突出皇帝的尊严，所以黄色，尤其是明黄色成了帝王的专用色。

对于寻常百姓的服装颜色，古人有一套从命理学衍生的规则。在四柱推命术中，推算一个人的命需要先排出其人的八字（即年柱、月柱、日柱和时柱八个字），这八个字是由天干和地支组成的。十个天干和十二个地支都具有五行属性，因此得到了其人八字中的五行状况：五行是否均衡？缺哪一行？哪一行偏多或偏少？于是可以通过服装的颜色加以调整，达到五行均衡的目的。

如果四柱中五行缺金或金偏少，适合穿戴金对应颜色的衣服和鞋帽，例如：白色、金色、银色。也可以根据土生金的道理穿戴土对应颜色的衣服和鞋帽，例如：黄色、棕色、米黄色、驼色、咖啡色等等。

如果四柱中五行缺木或木偏少，适合穿戴木对应颜色的衣服和鞋帽，例如：苹果绿色、军绿色、翠绿色等等。也可以根据水生木的道理穿戴水对应颜色的衣服和鞋帽，例如：黑色和蓝色。

如果四柱中五行缺水或水偏少，适合穿戴水对应颜色的衣服和鞋帽，例如：黑色和蓝色。也可以根据金生水的道理穿戴金对应颜色的衣服和鞋帽，例如：白色、金色、银色。

如果四柱中五行缺火或火偏少，适合穿戴火对应颜色的衣服和鞋帽，例如：大红色、粉红色、紫色等等。也可以根据木生火的道理穿戴木对应颜色的衣服和鞋帽，例如：苹果绿色、军绿色、翠绿色等等。

如果四柱中五行缺土或土偏少，适合穿戴土对应颜色的衣服和鞋帽，例如：黄色、棕色、米黄色、驼色、咖啡色等等。也可以根据火生土的道理穿戴火对应颜色的衣服和鞋帽，例如：大红色、粉红色、紫色等等。

同样，佩戴的首饰和其他装饰品也应该遵循上述规则，即通过颜色调整五行搭配，达到四柱中五行均衡的规则。上述规则对佩戴的首饰和其他装饰品的颜色选择同样适用。[①]

这套规则在姓名学中也被广泛采用，即在起名时通过所选择的字的五行属性，使得四柱中五行均衡。当然一个汉字的五行属性无法根据颜色确定，而是根据其读音确定。[②]

（四）阴阳五行理论与易经占卜和命理学

笔者有一个基本观点，即阴阳五行理论与易经占卜最初是自成体系，各自独立创建和发展的，从汉代开始，有一批学者将阴阳五行理论应用到易经占卜领域，典型的代表人物是汉代的焦延寿和京房，以及宋代的易学大师邵雍（康节）。他们将阴阳五行理论应用到了易经占卜领域，于是二者才有了融合。而命理学则从最初就是依据阴阳五行理论而创立的，所以说没有阴阳五行理论就没有命理学。

在伏羲创立先天八卦和周文王创立后天八卦之初，易经八个卦与五行没有关联。因此最初对卦象的解读只依据卦辞和爻辞，典型的代表是春秋时期的两部典籍《春秋》和《左传》中有许多卦象的例子。当时的解卦方法只是根据卦辞、爻辞和动爻等元素进行推断。后来由于焦延寿、京房和邵雍等人精通阴阳五行理论，分别创立了各自基于阴阳五行理论的解卦规则和方法。焦延寿（《焦氏易林》的作者）和他的弟子京房创立了解卦的"火珠林法"（六爻法）。邵雍（康节）创立了"梅花易数"法。这两种方法都离不开五行之间的相生相克关系。尤其是作为梅花易数核心的体卦和用卦之间的关系，必须根据五行金、木、水、火、土之间相生相克来推算。这两种解卦方法都是在阴阳五行理论体系确立之后才出现的。

---

① 有兴趣的读者可以参阅笔者的另一本书《珠宝不是玩意》（团结出版社，2016 年出版）。

② 对姓名学有兴趣的读者可以参阅笔者的另一本书《名至实归》（团结出版社，2017 年出版）。

　　命理学不同于易经占卜，它的出现和形成都是依据阴阳五行理论。无论是"四柱推命术"（依据《渊海子平》），还是"紫微斗数""铁板神数""南极神数"和"太乙神数"等等命理学流派，从本质上分析都是阴阳五行理论在命理学中的一些应用。

　　特别值得一提的是宋代邵雍（康节）创立的，在命理学中独树一帜的"铁板神数"，它不仅吸取并集成了其他几种推命术中的部分内容，而且推演出一套独特的推算规则，使得它相比其他推命术在定量这一点上明显具有优势。所谓"定量"是指，铁板神数在推算一个人的人生大事时，能比较精准地推算出在哪一年发生什么事。例如，铁板神数可以推算出一个人几岁金榜题名、几岁洞房花烛、几岁踏入仕途，此人的父母亲生了几男几女等等。在这一方面，其他几种推命术确实不如铁板神数。

　　铁板神数进一步拓展了阴阳五行理论在命理学领域的深度应用。笔者曾经为了学习研究铁板神数花了很大的精力，可惜由于这门术数的保守性太强，铁板神数中所谓的"内算法"不能公开。笔者请教了许多研究铁板神数的人士，得到的回答都是不能公开，但可以给我推算（当然不是免费推算）。笔者的目的不是找人算命，而是学习研究铁板神数，但是始终没有学到，更谈不上运用。作为一个业余研究者，也就无法确认铁板神数的定量是否确实很精准。无论如何，笔者至少从关于铁板神数的各种书籍和资料中知道铁板神数是离不开阴阳五行理论体系的，否则铁板神数的各种规则无法成立，更无法使用铁板神数中的 12000 首断语诗得出推算的结论。

　　本书的重点是介绍阴阳五行理论在传统文化各个领域中的渗透和应用，对这些领域尤其是易经、占卜和命理学等不作深入的介绍。有兴趣的读者可以参阅这两个领域的专门著作，也可以参阅笔者的另外两本书：《命理天机》（团结出版社，2013 年出版）和《易源易法》（团结出版社，2014 年出版）。本书的后面将花较多的篇幅介绍阴阳五行理论在中医药领域的渗透和应用。

　　（五）阴阳五行理论与择吉、择日

　　日历是人们查看日期的工具。现在的智能手机上都带有日历工具，随着手机的普遍使用，看传统日历的人日益减少。就如同由于智能手机上有时钟显示，所以现在戴手表的人越来越少。但是尽管现代的技术如此发达，过去流行的老黄历现在也没有退出人们的视线。每逢新的一年到来，各种老黄历仍然是许多中国人必买的东西。因为老黄历除了查看日期的功能，还提供了每天的四柱、吉凶方位等信息。人们更感兴趣的是老黄历中列出了每一天的宜和忌等诸多事宜，例如：宜出行、忌出行，宜搬家、忌搬家，宜嫁娶、忌嫁娶，宜开业、忌开业，等等。老黄历中提供的各种信息是否准确本书不作探讨，只是要说明老黄历之所以叫"黄历"，是中国古代的天文学家依据太阳黄道的运行位置和规律制定的一套历法。既然源自太阳黄道，则必然与阴阳五行理论相关。

在老黄历中提供了该年的年柱、每个月的月柱、每一日的日柱，然后根据该日的日地支是否与年地支相冲或者月地支相冲，决定该日的吉凶和宜忌。凡是与年地支相冲，则为冲太岁，凡是与月地支相冲，则为冲月神。而相冲与否的依据就是日地支、年地支和月地支对应的五行属性是否相克（金克木、木克土、土克水、水克火、火克金）。如果相冲，则在老黄历中会注明"诸事不宜"或者某些事不宜。因此，可以说，如果没有阴阳五行理论，黄历不会出现，也就不会有择日和择吉之说。

在确定选择了某日之后，由于一日之中的十二个时辰也有干支附属的五行属性，所以还需要在该日内择时。运用的规则是看时干支与年干支、月干支和日干支是否相冲。

在老黄历中还有一个关于用事宜忌的："日值四离，大事勿用"，或"日值四绝，大事勿用"。古人认为"四离日"和"四绝日"都是特殊的日子，必须加以重视。古人根据观察太阳黄道，将一年四季分为二十四个节气，春季有立春、雨水、惊蛰、春分、清明、谷雨六个节气；夏季有立夏、小满、芒种、夏至、小暑、大暑六个节气；秋季有立秋、处暑、白露、秋分、寒露、霜降六个节气；冬季有立冬、小雪、大雪、冬至、小寒、大寒六个节气。

何谓"四离日"和"四绝日"？四季开始于立春、立夏、立秋和立冬，四季的中央是春分、夏至、秋分和冬至。它们与阴阳有关，《玉门经》中说："离者，阴阳分至前一辰也。"分就是春分和秋分，至就是夏至和冬至。

前一辰就是前一天的意思。"离日"有四个，是春分、秋分、夏至、冬至的前一天，合称为"四离日"。其中，春分前一日叫作木离；夏至前一日叫作火离；秋分前一日叫作金离；冬至前一日叫作水离。"绝日"也有四个，是立春、立夏、立秋、立冬的前一天，合称为"四绝日"。

说到底，"四离日"和"四绝日"与我国传统节气里的"四立"（立春、立夏、立秋、立冬）有关。四立、四离、四绝日，都是古人认为在一年中比较特殊的十二个日子。

当然，笔者通过研究和多年的择日实践得出一个观点：只凭年地支、月地支、日地支和时干支各自的五行属性之间是否相冲，就断言该日做某事或出行的吉凶和宜忌不够精准。根据笔者的经验，如果再加入要此人做的何事或出行之人的因素来推断可能更加详细和准确，因为每个人的属相所对应的地支与年、月、日的地支之间也存在相冲、相合关系。关于这个问题本书不做深入探讨。

（六）阴阳五行理论与择偶、婚配

自古以来，婚姻是人生大事，所以人们对择偶和婚配非常重视。在古代最初关于婚配的规则是从周代开始的"同姓不婚"。当时的社会普遍遵守这个规定。春秋时代，著名的政治家郑国的子产对晋侯纳同姓女子为侍妾之事提出了批评，并从参、商二星的神话加以佐证。后世的历朝历代都有禁止同姓结婚的律法。古代这样做的理由是同姓通婚会削弱婚姻的"合二姓之好"。到了清末扩大到禁止五服内的通婚，这个五服包括了表亲关系。但是即使在古代表亲通婚并不少见，甚至民间有"亲上加亲"的说法。在现代社会则是从遗传学的角度不主张同姓或者有血缘关系的通婚，但由于数千年来社会的变迁，姓氏的传承已经不那么纯粹，所以现代的法律并没有禁止同姓或者表亲通婚。

但是，无论古代或现代择偶始终是一个重大问题。古代社会流行的是排出双方八字，通过"合八字"或者看双方的属相两种方法来选择配偶。

其一，由于组成八字的四个天干和四个地支都带有五行属性，于是就有了与双方婚姻关联的相生和相克状态。这种方法需要根据六十纳音来判断一个人的命属于金、木、水、火、土中的哪一种命。即使到了现代社会，还经常能听到说某人是金命、木命等等，就是根据此人的年干支（即四柱中的年柱）在六十纳音中属于哪一种五行来确定的。（请见表4"六十纳音表"）

其二，因为十二个生肖属相与十二个地支对应，所以根据十二个地支之间相生相克关系，就能判断双方是相生还是相克的状态。似乎这种方法更为简单直接，因此也有不少人采用。笔者偶然客串替朋友看婚姻时，基本上采用这种方法。

外国没有这种看婚姻的说法，这是中国传统文化所特有的一种婚姻文化现象，而且现在还有许多中国人相信并采用这两种方法。笔者的观点是，在择偶和婚配时可以采用这两种方法作为参考，但不必盲目地迷信和绝对化。因为一桩婚姻是一个牵涉到多方面的社会问题，而且，无论是排八字还是根据属相，都是依据一个人出生时的先天因素（命），而一个人的命运（包括婚姻）还会被他的后天因素（运）所影响甚至左右。笔者有两个真实的案例。

2004年，笔者为一对夫妇推算时，发现双方一个属鸡，一个属兔，按照属相看婚姻的方法，双方的属相是卯酉相冲，也就是说双方犯冲。但是这种犯冲并不是一冲到底，一辈子都是磕磕绊绊。双方年轻时确实时有争吵，但随着年龄增长，双方都理性了许多，婚姻并没有破裂。

2009年，另一对夫妇，双方都属虎。他们问笔者，俗话说"一山不容二虎"，是不是对婚姻不利？在社会上，年龄相同的夫妇有很多，如果按照这个逻辑，这么多的婚姻都是不好的，这显然是不合理的。所以当时笔者说了一句笑话："一山不容二虎，除非一公一母"，帮他们解除心理压力，消除他们夫妻关系中存在的阴影。

至于这两种方法以哪一种为准的问题，则是仁者见仁智者见智。因为这个领域根本没有国家标准。读者如果有兴趣，可以自行判断。笔者则认为从属相判断也许更直接。但这两种方法都至少比西方的星座理论更有依据。

下面列出与择偶和婚配有关的资料，供读者参考。

表 14　五行婚配表

女命 男命	金	木	水	火	土
金	男金女金	男木女金	男水女金	男火女金	男土女金
木	男金女木	男木女木	男水女木	男火女木	男土女木
水	男金女水	男木女水	男水女水	男火女水	男土女水
火	男金女火	男木女火	男水女火	男火女火	男土女火
土	男金女土	男木女土	男水女土	男火女木	男土女土

表 14 中男女命的金、木、水、火、土属性是依据六十纳音确定的，一共有二十五种组合（5×5）。根据夫妻双方命理的五行属性相生相克关系，这二十五种婚姻的状况如下：

1. 男金命和女金命组合：两金夫妻硬对硬，有女无男守空房。日夜争打语不合，半世婚姻晚凄凉。

2. 男金命和女木命组合：金木夫妻不多年，日日吵打哭连绵。原来二命都相克，半世婚姻守寡缘。

3. 男金命和女水命组合：水金夫妻坐高堂，财丰意顺喜洋洋。子女两个生端正，个个聪明学文章。

4. 男金命和女火命组合：未有姻缘乱成亲，娶得妻来也是贫。若无子女家财散，金火原来害本命。

5. 男金命和女土命组合：金土夫妻好姻缘，吃穿不愁福自然。子孙兴旺家富贵，福禄双全到终年。

6. 男木命和女金命组合：夫妻和好宜相交，钱财六畜满山庄。抚养子女家和喜，木金万贵共一床。

7. 男木命和女木命组合：双木夫妻难相合，钱财有多亦克子。原来双木多克妻，灾殃疾病日难过。

8. 男木命和女水命组合：男木女水吉祥来，家中财运常进室。富贵财帛重如山，生来儿女披青衫。

9. 男木命和女火命组合：木火夫妻大吉昌，天定婚姻喜满堂。男女聪明福自隆，六畜仆役满成行。

10. 男木命和女土命组合：土木夫妻本不宜，灾殃疾病来侵袭。两命相克各分散，一世孤单昼夜啼。

11. 男水命和女金命组合：金水夫妻富高强，钱财积聚坐高堂。婚姻和合前程耀，禾仓田宅福寿长。

12. 男水命和女木命组合：木水夫妻好姻缘，财宝贵富旺儿郎。男女端正学文章，牛马禾仓积满院。

13. 男水命和女水命组合：两水夫妻喜洋洋，儿女聪明家兴旺。姻缘美满福双全，满仓财产好风光。

14. 男水命和女火命组合：水火夫妻不相配，在家吃饭在外睡。原因二命相克害，半世婚姻家破碎。

15. 男水命和女土命组合：水土夫妻难久存，三六九五见瘟神。两命相克亦难过，被出他乡重嫁人。

16. 男火命和女金命组合：金火夫妻克六亲，不知刑落在何身。若是稳有不孝顺，殃及子孙孤寡人。

17. 男火命和女木命组合：火木夫妻好婚配，子孙孝顺家业旺。六畜钱粮皆丰盈，一世富贵大吉昌。

18. 男火命和女水命组合：水火夫妻虽有情，结缔姻缘亦不深。儿女若是有富贵，到老还是孤独人。

19. 男火命和女火命组合：两火夫妻日夜愁，妻离子散泪水流。二命相克不宜娶，四季孤独度春秋。

20. 男火命和女土命组合：火土夫妻好姻缘，高官禄位在眼前。两人合来无克害，儿女聪明永富贵。

21. 男土命和女金命组合：土金夫妻好姻缘，两口相爱至百年。内宅平安六畜旺，生来女儿均团圆。

22. 男土命和女木命组合：土木夫妻意不同，反眼无情相克冲。有食无儿克夫主，半世姻缘家财空。

23. 男土命和女水命组合：土水夫妻无有善，接到家中定有灾。妻离子散各东西，家中冷落财不来。

24. 男土命和女火命组合：土火夫妻大吉昌，财粮不愁福寿长。儿女聪明生端正，富贵荣华好时光。

25. 男土命和女土命组合：双土夫妻好姻缘，共欢一世福双全。子孝媳贤多兴旺，相爱相守到终年。

上面列举的二十五种婚姻状况有三点需要说明。

一是，男女命的五行属性是依据一个人的八字中年柱的六十纳音确定的。如果依据一个人的属相来确定命的五行属性，则很可能会得出相反的断语。

二是，不知道这些断语是哪位古人推断后编写的，准确与否无从确认。

三是，婚姻双方的八字或者属相都是一出世就先天决定了的，但是一个人的运程状况是后天决定的，所以只凭先天决定的八字或者属相推断婚姻状况是不够完整的。

关于这三个问题，由于没有绝对统一的标准来衡量，所以本书收录它们只是供读者作为参考。

（七）武术

中华传统武术是中国传统文化的瑰宝，而且已经走出国门。在中华传统武术中阴阳五行的元素可以说比比皆是。有许多武术套路的名字就显出阴阳五行的痕迹，例如：太极拳、八卦掌、五行拳等等。可以说，阴阳五行理论体系也是中华传统武术的理论支柱之一，是我国传统武术理论形成的基础，也是解释拳理、拳法拳技等技法的依据，是古代人们从事武术技击所遵循的规律。

以太极拳为例，其指导思想是"太极者，无极而生，阴阳之母也"，因此，太极拳是围绕着太极图施展的，讲究弧形动作、刚柔相济、动静相接、开合相依。

八卦掌以易经中的八卦为理论依据，讲究"八卦连环分五行，相生相克变无穷"。因此八卦掌的技法是按照八卦图中八卦的方位沿圈连转、身随步翻、掌随身变、步随掌转等。

五行拳是依据五行相生相克的规则创立的拳法，它的攻防技术中充分体现了五行的相生相克。在五行拳中的攻防主要五个招数劈、钻、崩、炮、横，分别对应了金木水火土五行之间的相生相克："劈"对应于金生水，"钻"对应于水生木，"崩"对应于木生火，"炮"对应于火生土，"横"对应于土生金，等等。

明代唐顺之编撰的《武编》中，对传统武术的枪法强调以动为攻，以静为守。其中有一段话："攻内有化，为斜。以金、木、水、火、土为正五行，五行有变，上下跳跃走步谓之不正，为斜。斜，偏也。偏以勾、隔、劈、绞为外五行。从中不难看出枪法与五行的关系非常紧密。

可惜笔者没有练过传统武术，对传统武术了解很肤浅，只能将传统武术中阴阳五行理论的元素作一简单的介绍，供读者参考。

（八）五行理论在相学上的应用

相学是中国传统文化的一个重要的分支。它的理论基础是阴阳五行理论体系。近几十年来，社会上普遍认为看相的人士是江湖术士，是迷信和骗人的。对于相术是否迷信这个问题，"仁者见仁智者见智"，本书不作探讨，也不介绍那些江湖上的看相规则，只是分析相学与五行理论的关系，将它作为五行理论体系中的一个分支来研究。随着中国的政治环境逐步宽松，研究和相信相学的人士多了起来。笔者认为相学毕竟是一门古代传承下来的学问，应该对相学开展深入研究后再作出结论，不要轻易就扣上"迷信"的大帽子。但是在研究学习的过程中，无论如何不应该走入盲目相信的误区，那就是真正的迷信了。

关于相学的起源，迄今为止，没有一个定论，研究这个问题的人很少。目前可以见到的观点主要有以下两种。

一种观点是，相学起源可以追溯到原始社会，当时古人从狩猎动物的阶段进化到开始圈养动物。于是人们开始了相动物，观察哪一种或哪一只动物适合圈养和繁殖。当时五行和阴阳两套理论还没有形成完整的体系，所以五行和阴阳理论没有用来相动物。后来相学从相动物开始，逐步用来相人。最初的相人，也并非相人之富贵吉凶，而是另外的标准。相男人的标准：是否粗壮有力，是否健壮，是否能承担体力劳动。相女人的标准：是否臀肥腰圆，是否上半身丰满，是否利于生养和传宗接代。当时相人的重点是体形和体能（套用现代语言，就是相一个人的硬件），还没有深入到相一个人的秉性、人品等等（即一个人的软件）。从原始社会进入封建社会后，用于相人的理论被用于观察一个人是否忠心、诚实、聪明、宽宏大度、勇敢等等。统治者和掌权者依据相人的结果来决定是否录用、信任和提拔一个人，或者一个家族用来选择确定接班人，在婚嫁时用来作为择偶的依据。这些需求推动了相学的发展，逐渐形成了六亲体系、流年运势体系、财官体系、婚姻体系，以及用相学推断阴阳宅风水体系等等。后世的相学更加侧重于一个人的软件：性格、忠诚度、胸怀等等。

另一种观点是，在《左传》中已经有了关于面相的实例记载，所以在春秋时代已经形成了相法理论和体系，在社会上已经广为流传。

历史上出现了许多关于相学的书籍。例如，宋史《艺文志》记载当时的相学书籍十六部，共四十卷。较为实用的有《麻衣相法》《柳庄相法》《神相铁关刀》《水镜相》《相理衡真》等等。又如收录在清初的《古今图书集成》中的《神相全编》，有人考证，此书是托名宋初的华山道士陈抟、后经明朝袁忠彻订正的最好的一部相书。清朝曾国藩写的相书《冰鉴》也颇为流传。最近二十多年，更是出版和翻印了许多相书。除了上面列举的书籍，还有《金较剪》《人相学》《公笃相法》等等。近年来，西方的手相书籍也纷纷在中国出版。尽管不少人认为相术是迷信骗人的，但是社会上相信相术的人依然不在少数。

相学不仅仅指面相，还包括手相和骨相。上世纪90年代在西安有一批人钻研手相，并行走江湖，被人称为高手、大师。笔者在观察研究他们的案例后认为，其中有些人确实是有真才实学的高手，他们的案例是有说服力的。有一位比较有知名度的朋友告诉笔者，她曾经在南京栖霞寺请一位僧人摸过骨相，对她过去的经历和后来的状况说得非常准确。这个例子说明相学是有道理的，并不像有些人批判的那样，是迷信和骗人之术。即使如此，笔者认为相学可以传承和研究，但不应该成为社会的主流学问。笔者在研究和学习中国传统文化的过程中曾经对相学稍有涉猎，所以在遇到江湖上的一些相士时会去验证。遗憾的是，许多行走江湖吃开口饭的相士仅仅靠一知半解的相学知识就出来混，准确率很低，目的是为了赚钱，败坏了真正的相学理论的声誉。

前面说过相学的理论支柱是阴阳五行理论体系。在此基础上形成的面相学和手相学成为阴阳五行理论体系的一个分支。其核心是认为人与五行和阴阳密切相关，而五行是运动变化并相生相克的，随着五行和阴阳的运动变化，人和事也会发生变化。于是古人认为可以从面部和手部透出的特征信息推测出一个人的命运和变化发展趋势。而且古人进一步提出了面相和手相具有动态的特点，不是一成不变的，会随着时间和人的心态的变化而发生改变，所以有了"相随心转"之说。

笔者研究发现，无论古代和现代真正的相学大师对五行和阴阳都很了解，并能熟练运用。所用到五行和阴阳的关键元素是：男为阳、女为阴，人的脸上和手上都有九宫八卦。还有一些相学理论将人的体色、体形、脸形、掌形分为金、木、水、火、土五种，将手的形状也分为金、木、水、火、土五种。于是有了金型人、金形手，木型人、木形手，水型人、水形手，火型人、火形手，土型人、土形手等分类。这些分类似乎成了相学领域的标准。

历史上的相士往往都是信奉道教的，因为在中国本土的宗教——道教中，有一套关于相学的规则。

1. 金木水火土五型人

体型口诀

> 木瘦金方水主肥，土形敦厚背如龟，
>
> 上尖下阔名为火，五样人形仔细推。

脸型分类

金型脸：脸形端方、四方脸。头面方阔、外观不怒而有威严、额头骨起、颧圆宽宏、上下同宽、下巴较结实、头发和胡须稀疏、眉毛高耸、眼神直视、嘴唇红、牙齿白、肤色白，额头、颧骨、下巴均方正，声音宏大。

木型脸：脸瘦颀长、挺拔，脸上有青筋外露，额头高隆、天庭高狭，脸的中部平直，下巴窄而长，眉有青彩，眼睛细长，鼻梁长直，略见骨节，肤色青，声音清亮。

水型脸：脸形浑圆、肥厚、浮胀，头发和胡须既浓又多，眉毛顺势蔚盛，眼睛圆，耳朵圆，嘴唇较厚，肤色黄偏黑润，声音圆润。

火型脸：脸形上窄下阔，是上三角形，头面尖削，天庭狭窄，下巴丰腴、有地无天，头发粗稀少，眉毛稀又疏，眼球露、常有红丝，耳廓外翻，鼻梁有结，颧骨凸露，肤色略红，声音焦而粗。

土型脸：脸形肥厚重实，头方宽带圆。头部平正，头发多，枕骨平实，上中下三停广阔，面大颐丰，天仓地库饱满，眉毛浓，眼睛大，鼻准头肥厚，颧骨丰，嘴唇厚，脖子粗、肥、短，肤色黄，声音厚重洪亮。

各型人细分如下：

（1）金型人

金型人具有五行中金的特征，这种人娇贵、有威望，能掌权。大多比较霸气，喜欢管人管事。

金型人有三薄的特征：嘴唇薄、眼皮薄、手背薄。

其人的外貌特征是：方形脸庞，体形方正。易生粉刺和痤疮，骨架大，肌肉结实，颧骨高，额高而且宽，皮肤白净，鼻直口阔。说话声音洪亮像钟声，头发较少、不润泽。

金型人喜欢吃五行属性为土或金的食物，例如：甜食、八宝粥、花生等（偏甜味，五行属性为土），以及豆制品、姜葱、鸡肉等（五行属性为金）。金型人的口味偏辛辣，比较爱吃红肉（猪、牛、羊）。

金型人如果金太旺，则需要补木调运，以达到五行平衡。可以多吃蔬菜、木瓜、绿茶、柠檬等食物。如果金偏燥、偏弱，则需要补金，可以多吃辛辣味食品、玉米、蒜、姜葱、鸡脚、多喝汤等（五行属性为金），也可以多吃水产品、猪肾、鸡肾、雪梨等食物，以此滋润偏燥的金。

（2）木型人

木型人具有五行中木的特征，这种人为人仁慈、讲义气。有才智，好用心机，多忧虑，或急躁易怒，或恐惧胆怯，做事比较勤劳。生气时，面色发青甚至带有杀气。

木型人有三"长"的特征：脸长、身材四肢长、手指长。

其人的外貌特征是：身材瘦高，清瘦挺拔，双肩高耸，长脸上宽下窄，瘦而露骨，腰较长，背上少肉，面带青色，易出现黄褐斑。有些木型人的身材看上去小巧玲珑，手足灵活。体力不强，说话的声音直而短。

木型人喜欢吃五行属性为水或木的食物，例如：菜汤、水产品、海蜇、茶（尤其是花茶，因为花茶中木性比较强）等（宜咸味，五行属性为水），以及蔬菜、带酸味的食物、青梅（宜酸味，五行属性为木）。木型人的口味偏酸，对肥肉和甜味食物不感兴趣。

木型人如果木太旺，导致土太弱，则需要补土调运，以达到五行平衡。可以多吃牛肉、南瓜、甜品、黄豆等食物。如果木偏弱，则需要补木，可以多吃酸味食物、蔬菜、水产品等。

（3）水型人

水型人具有五行中水的特征，这种人聪明伶俐、口才好。行动迟缓，拖泥带水。坐立时，喜欢倚扶，说话声音漫长而低，带喉音。生气时，好哭。

水形人有"三厚"的特征：眼皮厚（多层）、下颚厚、手背厚。

水型人又分为瘦水型和肥水型两种类型。

瘦水型：肤色较黑，体型瘦长，面部凹陷，头大，两肩狭小，眼睛小而深陷，骨框正，肌肉结实。做事积极。

肥水型：身材较胖，偏矮，手脚短而肥，头发密而黑，粗眉大眼，猪肚型脸庞，肚子、屁股、耳朵都偏大，肉多骨少，并且全身肌肉松散。较爱享乐。

水型人喜欢吃五行属性为金或水的食物，例如：辛辣味食品、玉米、蒜、姜葱、鸡脚、汤等（五行属性为金），以及咸味食品、水产品、卤水食品等（五行属性为水）。水型人的口味偏咸。

水型人如果水太旺，导致火太弱，需要补火调运，以达到五行平衡。可以多吃狗肉、羊肉、山楂、鸭舌、西红柿等食物（五行属性为火）。如果水偏弱，则需要补水，可以多吃水产品、猪肾、鸡肾、雪梨等食物（五行属性为水）。

（4）火型人

火型人具有五行中火的特征，这种人待人有礼，积极、主动，神气活泼，性格急躁，行动快速。

火型人有"三尖"的特征：头顶尖、鼻头尖、下颚尖。

其人的外貌特征：肤色偏红，鼻头红，男性的胡须少，易生粉刺和长小疙瘩。眼睛大而圆，肌肉结实，脊背肌肉宽厚，骨架外露，肉多横纵，毛发稀疏，身体圆胖，体形丰满。枣核形脸，上尖中宽，体型上尖下阔（头细下身宽）。

火型人如果火太旺，导致金太弱，则需要补金调运，以达到五行平衡。可以多吃豆制品、姜葱、鸡肉等食物（五行属性为金）。如果火偏弱，则需要补火，可以多吃狗肉、羊肉、山楂、鸭舌、西红柿等食物（五行属性为火）。

（5）土型人

土型人具有五行中土的特征，做事遵规范、讲信用。宽容厚道，勤劳忠厚，重信用，讲正气。做事稳重有计划，有智谋，往往是谋定而动。土型人性格内向，对新鲜事物不感兴趣。

土型人有"三短"的特征：身材短（是指由于壮实而显得短，并不是尺寸短）、脖子短、手指短。

外貌特征：肤色偏黄，圆脸型，腰粗背厚，身材壮实匀称，肌肉丰满，五短的中等身材，肌肉结实，蒜头鼻子，嘴唇厚，说话鼻音重。在生气时，面色会呈焦黄色。

土型人如果土太旺，导致水太弱，则需要补水调运，以达到五行平衡。可以多吃水产品、猪肾、鸡肾、雪梨等食物（五行属性为水）。如果土偏弱，则可以多吃甜食、八宝粥、花生等（偏甜味，五行属性为土）。

2. 体色口诀

木色青兮火色红，土黄水黑是真容，

只有金形是带白，五种颜色不相同。

特别需要说明的是，本书只介绍根据五行属性有关人的体色、体形、脸形、掌形的分类规则。至于相学中推断各种人的规则不是本书研究的主题。有兴趣的读者可以查阅相学方面的专门书籍和资料。

笔者研究传统文化三十余年，对传统文化的多个领域均有所涉猎，对相学也有些研究心得，为朋友看过一些手相和面相。笔者发现，有些相学规则的准确率可以达到70%左右。但笔者对自己的定位是传统文化的业余研究者，不会成为行走江湖的术士。曾经有朋友约笔者写一本相学类的书，笔者婉拒了。理由是书中需要用到的手相和面相图形，用软件工具很难画出，如果用手工绘制后再扫描又太麻烦。其实真正的原因是笔者不希望被人们认为是一个职业相士。

（九）本章结语

阴阳五行理论在中国传统文化的多个领域有着广泛的影响和应用，即使在现代社会中，阴阳五行对社会和人们的生活也一直发挥着明显的或潜移默化的影响。限于篇幅，本章仅仅介绍了阴阳五行理论在上述领域中的应用情况。其实在其他很多领域中，都能看到阴阳五行的应用。尤为突出的是阴阳五行理论在中医药和养生领域的应用，这个话题很大，将在下一章中专门介绍。

第八章　阴阳五行理论在养生和中医领域的应用

中华民族包括五十六个民族，所以广义上应该将我们常说的中医称为中国传统医学，它不仅包括汉族的中医，还有其他少数民族的传统医学，例如藏医、蒙医、苗医等等。由于阴阳五行理论主要传播的地区是汉族聚居的地区，所以，以下将中国传统医学简称为中医。中国传统医学和中药材是中华民族的瑰宝，数千年来，中国传统医学和中药材对中华民族的繁衍生息发挥了巨大的作用。阴阳五行理论是中国传统医学和中药材领域的主要理论支柱之一。

一、阴阳五行理论与养生

养生的概念可以追溯到黄帝时代，虽然《黄帝内经》成书于先秦时期，但其内容形成于黄帝时代。在《黄帝内经》中，始终贯穿着阴阳五行理论和天人合一的理念，时至今日依然值得我们学习、研究、传承和遵从。

养生的本质是在人尚未得病（即现代西医所说的"亚健康"）时做好保健和预防，确保尽量不生病，即古人所谓的"治未病"。当然养生和治疗是密切相关的，无法截然分割。中医提倡的"治未病、初病和重病"的理论，包含了针对"未病""初病"和"重病"三个阶段治疗和保健、养生的目标和方法，它们在数千年来的大量实践中得到了验证。

阴阳五行理论是中医养生之道的基础，在养生领域的影响主要反映在以下几个方面。

（一）时空观

古人提倡的"天人合一"，是指人和天道要在时间和空间两个方面吻合一致。道家思想的代表作之一《淮南子》中将世界称为"宇宙"，"宇"代表上下四方，为空间；"宙"代表古往今来，为时间。所以说，这个古代哲学思想中包含了时空观。

人是宇宙万物之一，所以人体也遵循天地间时空变化的规律。人体的生理机能以及疾病的发生变化都会有一定的时间规律（年、季、月、日和时辰）。根据时间的养生应该分为四季养生、二十四节气养生和十二个时辰养生。根据空间的养生主要分为按照地域养生和按照脏腑的位置养生。

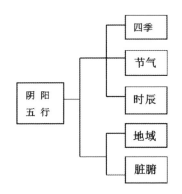

图 13　阴阳五行养生的时间和空间关系

1．四季养生

《灵枢·本神》云："故智者养生也，必顺四时而适寒暑，和喜怒而安居处，节阴阳而调刚柔，如是则僻邪不至，长生久视。"一年四季的五行属性各不相同，因此在各个季节的养生内容和方法也各不相同，需要"顺四时而适寒暑"。

在《素问·四气调神大论》中对四个季节的养生有详细的论述：

"春三月，此谓发陈，天地俱生，万物以荣，夜卧早起，广步于庭，被发缓形，以使志生，生而勿杀，予而勿夺，赏而勿罚，此春气之应，养生之道也。逆之则伤肝，夏为寒变，奉长者少。"春季的五行属性为木，其特性是：生长、升发、条达、伸展、易动、收涩。所以在春季里养生的内容和方法应符合这个特性。

"夏三月，此谓蕃秀，天地气交，万物华实，夜卧早起，无厌于日，使志无怒，使华英成秀，使气得泄，若所爱在外，此夏气之应，养长之道也。逆之则伤心，秋为痎疟，奉收者少，冬至重病。"夏季的五行属性为火，其特性是：温热、升腾、向上、辐射。所以在夏季里养生的内容和方法应符合这个特性。

"秋三月，此谓容平，天气以急，地气以明，早卧早起，与鸡俱兴，使志安宁，以缓秋刑，收敛神气，使秋气平，无外其志，使肺气清，此秋气之应，养收之道也。逆之则伤肺，冬为飧泄，奉藏者少。"秋季的五行属性为金，其特性是：清洁、肃降、收敛。所以在秋季里养生的内容和方法应符合这个特性。

"冬三月，此谓闭藏，水冰地坼，无扰乎阳，早卧晚起，必待日光，使志若伏若匿，若有私意，若已有得，去寒就温，无泄皮肤，使气亟夺，此冬气之应，养藏之道也。逆之则伤肾，春为痿厥，奉生者少。"冬季的五行属性为水，其特性是：滋润、下行。所以在冬季里养生的内容和方法应符合这个特性。

古人在对季节进行划分时，将每一季三个月中的最后一个月，称为"四季月"，其中的农历六月又称为"长夏"，这四个月是上一个季节的五行之气向下一个季节的五行之气转化的过渡期。农历六月的五行属性为土，土的特性是：生化、养育、承载、受纳、静止、缓和。所以在六月中养生的内容和方法应符合这个特性。

上面论述的核心是告诉人们，在自然界"春生、夏长、秋收、冬藏"这个大环境的规律下，如何根据时间、地域和五脏六腑的五行属性养生的基本道理。至于在四个季节如何养生的具体细节则不是本书讨论的内容，有兴趣的读者可以阅读这方面的专业书籍。

2. 二十四节气养生

中国农历中的二十四节气是世界上独一无二的历法体系，它的产生源自古代天文学家观察太阳黄道得到气候变化的结果，一年中春、夏、秋、冬四个季节又分为二十四个节气：立春、雨水、惊蛰、春分、清明、谷雨、立夏、小满、芒种、夏至、小暑、大暑、立秋、处暑、白露、秋分、寒露、霜降、立冬、小雪、大雪、冬至、小寒、大寒。

二十四个节气与四季和五行的对应关系如表15所示。

表15　四季、月份、节气和五行属性对应表

季节、月份		节气	五行属性
春	一月	立春、雨水	木
	二月	惊蛰、春分	
	三月※	清明、谷雨	
夏	四月	立夏、小满	火
	五月	芒种、夏至	

季节、月份		节气	五行属性
夏	六月※	小暑、大暑	火
秋	七月	立秋、处暑	金
	八月	白露、秋分	
	九月※	寒露、霜降	
冬	十月	立冬、小雪	水
	十一月	大雪、冬至	
	十二月※	小寒、大寒	

注※：前面曾经介绍过，农历三月、六月、九月、十二月是"四季月"，六月又称为长夏，其五行属性为土。

各个节气的五行属性也有阴阳之分：

立春和雨水两个节气的五行属性为阳木，阳木之气从立春开始。

惊蛰和春分两个节气的五行属性为阴木，阴木之气从惊蛰开始。

清明和谷雨两个节气是木气向火气转换的过渡时段（对应于农历三月），五行属性为土。

立夏和小满两个节气的五行属性为阴火，阴火之气从立夏开始。

芒种和夏至两个节气的五行属性为阳火，阳火之气从芒种开始。

小暑和大暑两个节气是火气向金气转换的过渡时段（对应于农历六月），五行属性为土。

立秋和处暑两个节气的五行属性为阳金，阳金之气从立秋开始。

白露和秋分两个节气的五行属性为阴金，阴金之气从白露开始。

寒露和霜降两个节气是金气向水气转换的过渡时段（对应于农历九月），五行属性为土。

立冬和小雪两个节气的五行属性为阴水，阴水之气从立冬开始。

大雪和冬至两个节气的五行属性为阳水，阳水之气从大雪开始。

小寒和大寒两个节气是水气向木气转换的过渡时段（对应于农历十二月），五行属性为土。

根据二十四个节气的金、木、水、火、土属性和五脏六腑的五行属性，以及它们之间的相生相克关系，人们就可以采取相应的养生方法，达到每个节气养生的效果。

3. 十二时辰养生

中国古代的计时体系将每一天分为十二个时辰，分别对应于十二个地支：子时、丑时、寅时、卯时、辰时、巳时、午时、未时、申时、酉时、戌时、亥时。而且每一个时辰与十二条经络之一相对应。它们与目前普遍采用的每一天分为二十四个小时的西方计时体系对应关系如下：

子时：23：00—1：00，对应于足少阳胆经。

丑时：1：00—3：00，对应于足厥阴肝经。

寅时：3：00—5：00，对应于手太阴肺经。

卯时：5：00—7：00，对应于手阳明大肠经。

辰时：7：00—9：00，对应于足阳明胃经。

巳时：9：00—11：00，对应于足太阴脾经。

午时：11：00—13：00，对应于手少阴心经。

未时：13：00—15：00，对应于手太阳小肠经。

申时：15：00—17：00，对应于足太阳膀胱经。

酉时：17：00—19：00，对应于足少阴肾经。

戌时：19：00—21：00，对应于手厥阴心包经。

亥时：21：00—23：00，对应于手少阳三焦经。

古人采用十二个地支来冠名十二个时辰，不仅仅是为了便于记忆，更重要的原因是十二个地支具有五行属性，所以就为十二个时辰赋予了五行属性。

表 16　十二个时辰的五行属性

五行	时辰
金	申时、酉时
木	寅时、卯时
水	亥时、子时
火	巳时、午时
土	丑时、辰时、未时、戌时

有了十二个时辰的五行属性，再与十二经络和五脏六腑的五行属性相对应，它们之间就有了相生相克的关系，于是人们就可以采取相应的养生方法，达到每个时辰养生的目的。

在中医理论体系中有一个重要的分支：子午流注。"子午"二字，具有时辰、阴阳和方位等含义。从时辰看，一天二十四个小时，两个小时为一个时辰，就是十二个时辰（即子时、丑时、寅时、卯时、辰时、巳时、午时、未时、申时、酉时、戌时、亥时）；从阴阳变化来看，子时为阴最盛之时，午时为阳最盛之时；从方位来看，子午为经，卯酉为纬，等等。"流注"二字，是形容自然界水的流动转注。人体的五脏六腑与十二条经络对于气血的运行起着重要作用，每条经络具有各自对应的人体脏器。

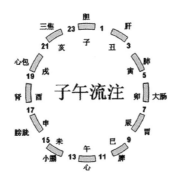

图 14　子午流注图

足少阳胆经分管：胆囊、胆道、神经、微血管、呼吸系统。

足厥阴肝经分管：肝脏、眼、生殖器、神经、筋膜。

手太阴肺经分管：呼吸系统、甲状腺、皮肤。

手阳明大肠经分管：结肠、直肠、上呼吸道、颜面下部皮肤、口腔。

足阳明胃经分管：胃、乳腺、膝关节。

足太阴脾经分管：免疫系统、内分泌、肿瘤、结石。

手少阴心经分管：心脏、血管、大脑、神志。

手太阳小肠经分管：十二指肠、空肠、肩关节。

足太阳膀胱经分管：脊椎、泌尿、生殖系统、关节。

足少阴肾经分管：生殖、泌尿系统、腰、脑、耳、骨骼系统。

手厥阴心包经分管：心脏、血管。

手少阳三焦经分管：淋巴系统、炎症。

每条经络又都有其旺衰的时辰。子午流注的核心是将人体的十二条经络与十二个时辰对应了起来。每条经络在与它对应的时辰是打开的，即是每条经络最旺的时辰，此时运用针灸或口服相应的药物和食品，则疗效可以高出其他时辰若干倍；此时对这条经络上的穴位进行治疗和养生保健，则对该条经络分管的人体脏器的效果是最好的。前些年已经有人根据子午流注的理论衍生出了一门新的学科：古今时间医学。

4. 不同地域的人的养生

阴阳五行理论认为，东、南、西、北、中分别具有不同的五行属性，而这个五行属性必然与生活在该地的人们息息相关，也会影响着他们的身体健康。所以生活在各地的人需要根据当地地域和气候特点进行养生、保健和医疗疾病。例如在人们的常识中这样认为：

南方的人最怕体内有热气，其原因是南方的五行属性为火，在南方生活的人容易受环境的影响在体内产生热气。所以在广东、广西等地人们为了清除体内热气，有喝凉茶的习惯。

西部和西北部的人体内容易有湿气，其原因是西部五行属性为金，金生水导致体内产生湿气。所以生活在四川、云南、贵州、陕西等地的人们喜欢吃辣椒，以消除体内的湿气。

此外，南方人的主食是生长在水田里的水稻加工的大米，湿气比较重，五行属性为水。北方人的主食是生长在旱地里的小麦、小米、玉米等，五行属性主要为土，能克水，所以湿气比较轻。这正是导致南方患脚气的人比北方多的原因。

而且由于东、南、西、北、中的五行属性不同，导致生活在各地的人的体形和性格也会产生差异，只要稍加注意，不难发现这种现象。此处不再赘述。

总之，生活在不同地域的人在养生、保健和治病时考虑当地的五行属性因素是合理的，也可以说有利无弊。

（二）通过阴阳调和养生

男人为阳，女人为阴。在一个人的身体中也有阴阳之分：上为阳，下为阴；表为阳，里为阴；背为阳，腹为阴；六腑为阳，五脏为阴；气为阳，血为阴；实症、热症属阳，虚症、寒症属阴。

十二条经络也有阴阳之分：

手太阴肺经：肺为阴金。

手阳明大肠经：大肠为阳金。

手少阴心经：心为阴火。

手太阳小肠经：小肠为阳火。

手厥阴心包经：心包为阴水。

手少阳三焦经：三焦为阳水。

足太阴脾经：脾为阴土。

足阳明胃经：胃为阳土。

足厥阴肝经：肝为阴木。

足少阳胆经：胆为阳木。

足少阴肾经：肾为阴水。

足太阳膀胱经：膀胱为阳水。

人的生活环境也有阴阳之分：热为阳，寒为阴；白昼为阳，黑夜为阴；山南为阳，山北为阴，等等。最为突出的是白昼和黑夜：白昼为阳，夜晚为阴。白昼和黑夜对人的身体影响极大，白昼阳盛，人体的生理功能容易处于兴奋状态；夜间阴盛，人体的生理功能处于抑制状态。从子夜到中午，阳气渐盛，人体的生理功能逐渐由抑制转向兴奋，即阴消阳长；而从中午到子夜，阳气渐衰，则人体的生理功能由兴奋渐变为抑制，这就是阳消阴长。

如果体内阴阳失调和不平衡则会导致生病。阴阳失调之说源自《黄帝内经》，其中《素问·阴阳应象大论》云："阴胜则阳病，阳胜则阴病。阳胜则热，阴胜则寒"，《素问·调经论》云："阳虚则外实、阴虚则内热；阳盛则外热、阴盛则内寒"，即所谓的阳胜则阴病，阴胜则阳病。

中医养生的目的就是在人尚未得病时（即"未病"），根据体内和体外的阴阳状态，运用阴阳调和、阴阳转化、阴阳互根等规则将人体的状态调整到阴阳平衡，消除病患，保持身体健康的状态。

（三）根据五脏六腑和经络的五行属性养生

一个人患病，必然反映在对应的五脏六腑和经络出现问题。而五脏六腑具有各自的五行属性，所以在尚未得病时根据五脏六腑和经络的五行属性进行养生保健，使得五脏六腑保持健康状态，就能达到不生病或少生病的目的。

1. 五行属性为金

肺和手太阴肺经的五行属性为阴金，大肠和手阳明大肠经的五行属性为阳金，肺与大肠构成表里关系，肺为表，大肠为里。金的特性主清肃、敛降。肺气肃降。

肺的功能是掌管呼吸，主一身之气，肺功能正常，则气道通畅，呼吸均匀和调。如果肺气不足，则可出现呼吸减弱、身倦无力、气短自汗等全身虚弱症状。肺和大肠正常则使大便传导如常，大肠的传导有赖于肺气的清肃和敛降，粪便排出通畅。若大肠积滞不通，反过来也影响肺气的肃降。因此，保养好肺和大肠，以及手太阴肺经和手阳明大肠经，对皮毛、鼻、大小便排泄和调整忧伤的情绪等等都大有好处。

2. 五行属性为木

肝和足厥阴肝经的五行属性为阴木，胆和足少阳胆经的五行属性为阳木。肝和胆构成表里关系，肝为表，胆为里。木的特性主生长、升发、条达、伸展、易动。

按照现代医学的观点，胆所贮藏的胆汁是由肝分泌的，即所谓"借肝之余气，溢入于胆，积聚而成"。所以只有肝的疏泄功能正常，才能保证胆汁的贮存和排泄功能正常，胆汁排泄通畅，肝才能发挥其疏泄之性。由于肝胆发病时会互相影响，所以对肝胆的养生、保健和治疗应该同时进行。《黄帝内经》云："肝主目。""肝生筋，筋生心。"（体现了木生火的滋生关系）。因此，保养好肝和胆，以及足厥阴肝经和足少阳胆经，对血液系统、排毒功能、各种眼病和脾胃消化不良等等都大有好处。

3. 五行属性为水

肾与足少阴肾经的五行属性为阴水，膀胱与足太阳膀胱经的五行属性为阳水，肾与膀胱构成表里关系，肾为表，膀胱为里。水的特性是滋润、下行、寒凉、向下运行。

肾主水、主骨、耳、生髓，与人体的生殖、生长发育、衰老和代谢有密切关系。膀胱的排尿功能和肾气盛衰有密切关系。肾气充足，则排尿顺畅。肾气虚则不能固摄，导致小便频繁、遗尿、失禁，或小便不畅。

因此，保养好肾和膀胱，以及足少阴肾经和足太阳膀胱经，对骨、髓、生殖系统、泌尿系统和耳朵等等都大有好处。

4. 五行属性为火

心和手少阴心经的五行属性为阴火，小肠和手太阳小肠经的五行属性为阳火，心和小肠构成表里关系，心为表，小肠为里。火的特性是温热、升腾、向上、辐射。

心是人体血液循环的动力，血液通过心脏的搏动而输送到全身，心血的盛衰都可以从脉搏上反映出来。心开窍于舌，主汗、神志，所以与人们的思维意识活动有关。所谓"心思"一词和"用心想一想"的说法，就是讲的心在人的思维活动中的作用。尽管西方医学认为思维是由人的大脑主管的，但是在中医理论中，心对思维有着非常重要的作用。心的阳气下降于小肠，帮助小肠区别食物中的精华和糟粕。如果心火过盛，会将热气转移到小肠，导致出现小便短赤、灼痛、尿血等症状。反之，若小肠有热气，也会引起心火亢盛，导致出现心中烦热、面红、口舌生疮等症状。此外，舌质的变化也可以反映出心的生理及病理变化，所以在中医的"望闻问切"中看舌苔是诊断的基本手段。

因此，保养好心和小肠，以及手少阴心经和手太阳小肠经对心、舌、神志等等都大有好处。

5. 五行属性为土

脾和足太阴脾经的五行属性为阴土，胃和足阳明胃经的五行属性为阳土。脾和胃构成表里关系，脾为表，胃为里。土的特性是生化、养育、承载、受纳、静止、缓和。胃主受纳和消化食物，脾主运化和输送营养的功能。

脾胃主管饮食的消化、吸收和传输营养、水分，以供人体的各个组织器官在生命活动时的需要，故有"脾胃为后天之本"之说。它们共同完成消化吸收和运输营养物质的任务。

因此，保养好脾和胃，以及足太阴脾经和足阳明胃经对消化和循环输送系统等等都大有好处。

（四）根据四季和五脏六腑的五行属性养生

1. 春季养肝

肝和胆的五行属性为木，春季的五行属性亦为木，所以在春季适合保养肝和胆。

此外，绿色的五行属性为木，所以绿色的食物利于保养肝和胆。

2. 夏季养心

心和小肠的五行属性为火，夏季的五行属性亦为火，所以在夏季适合保养心和小肠。

此外，红色和紫色的五行属性为火，所以红色和紫色的食物利于保养心和小肠。

3. 秋季养肺

肺和大肠的五行属性为金，秋季的五行属性亦为金，所以在秋季适合保养肺和大肠。

此外，白色的五行属性为金，所以白色的食物利于保养肺和大肠。

4. 冬季养肾

肾和膀胱的五行属性为水，冬季的五行属性亦为水，所以在冬季适合保养肾和膀胱。

此外，黑色的五行属性为水，所以黑色的食物利于养肾和膀胱。

5. 长夏养脾和胃

脾和胃的五行属性为土，长夏（即六月）的五行属性亦为土。所以在长夏适合保养脾和胃。

此外，黄色的五行属性为土，所以黄色的食物利于养脾和胃。

二、五行导引术

中医理论中有一个分支叫"五行导引术"。它既能用于治疗疾病，也可用于中医养生。它的理论依据是五行之间的相生相克、脏腑互为表里、经络和腧穴的阴阳属性及五行属性等知识。

如果一个人的某个脏腑患病，由于这个脏腑的五行属性是确定的，于是可以根据"生我者为母，我生者为子""实则泄其子，虚则补其母"等原理进行治疗，达到人体五脏六腑之间气血的消长平衡。这就是五行导引术的核心思想。

以肺经为例，它与大肠经互为表里（肺为表，大肠为里），肺的阴阳属性为阴，它的五行属性为金，土为金之母，水为金之子。其子为水，其母为土。这就是开处方选用药材时的依据。此外，凡是阴性经络的五输穴排列顺序是木、火、土、金、水，所以肺经的母穴就是五输穴中属性为土的穴，子穴就是五输穴中属性为水的穴。如果肺实就取水穴泄之（泄其子），如果肺虚就取土穴补之（补其母），于是无论针灸或者推拿按摩就有了取穴的定位。至于具体的穴位知识，有兴趣的读者可以查阅这方面的专业书籍。

第九章　阴阳五行理论与五运六气学说

五运六气学说是一种解释自然界天时气候变化对人体影响的学说。

在中医界，自古以来就有一批学者对五运六气研究得很深，现代的代表人物是广西的李阳波先生以及他的几位学生。可惜的是，李阳波先生英年早逝，少有著作传世，他的弟子刘力红和其他人整理出版了《开启中医之门——运气学导论》《李阳波伤寒论坛讲记》《李阳波中医望诊讲记》《李阳波五运六气讲记》等由李阳波先生所著关于五运六气的书。

"五运六气"是古人根据天地阴阳的理论，通过对天时变化的推算总结出来的一套理论，它从气化角度认识并且推演了气候变化，以及这种变化对人体的生命活动产生的影响，从而阐明天时气候变化对人体阴阳变化的影响，即"运气学说"。关于这个学说最权威的是《黄帝内经》中的《天元纪》《五运行》《六微旨》《气交变》《五常政》《六元正纪》和《至真要》七篇大论，大约占了《黄帝内经·素问》三分之一的篇幅，据说是《黄帝内经》中最深奥难懂的部分，是运气学说的根基。它对疾病的病因病机，以及治疗和养生方法提出了一套独特的理论，时至今日还在发挥作用，影响着中医。但是不可否认的是，由于它的深奥难懂，导致现在的许多中医师不重视五运六气的学说，甚至对五运六气没有基本认知，更谈不上掌握和运用这个学说。有人认为，这是现代中医治病的病例没有古代医案那么高明的主要原因。

一、什么是五运六气

所谓五运六气，"运"是指天上星球的运转，对于地球上的万物产生的作用。"运"有五类（木运、火运、土运、金运、水运），它的运转规律用天干表示。"气"是地球上的万物对星球运转的作用形成六种气候的变化和流转，"气"的规律用地支表示。五运六气是利用五行的相生相克理论，再配合天干地支的阴阳属性作为工具，以此来分析每年的气候正常变化和异常变化。

《黄帝内经·天元纪》中有一段话："故物生谓之化，物极为之变，阴阳不测谓之神，神用无方谓之圣。……故在天为气，在地为形，形气相感而化生万物矣。"这里提出了五运六气的基本概念，即五行木、火、土、金、水，在地为五行，为有形。

具体地说，在天为无形的风气，在地则为有形的木，风为木之资助，为东方所化；在天为无形的热气，在地则为有形的火，热为火之资助，为南方所化；在天为无形的湿气，在地则为有形的土，湿为土之资助，为中央所化；在天为无形的燥气，在地则为有形的金，燥为金之资助，为西方所化；在天为无形的寒气，在地则为有形的水，寒为水之资助，为北方所化。简言之，就是风生木、热生火、湿生土、燥生金、寒生水。

1. 五运

五运即木、火、土、金、水五行在与十天干配合之后形成的木运、火运、土运、金运、水运的统称。它用于解析天地气象的变化规律以及对人体的影响，根据这五运的作用分为大运、主运、客运三种。

笔者在第四章五行理论基础知识中介绍过"十天干五合"，十天干通过合化形成五运，即：甲己合化土运、乙庚合化金运、丙辛合化水运、丁壬合化木运、戊癸合化火运。也就是说，金木水火土的五运是由十天干合化而形成的。这里所谓的"化"，就是变化。《素问·五运行大论》云："土主甲己，金主乙庚，水主丙辛，木主丁壬，火主戊癸。"分列如下：

> 甲己合化土运，就是凡逢甲年或己年，则为土运；
>
> 乙庚合化金运，就是凡逢乙年或庚年，则为金运；
>
> 丙辛合化水运，就是凡逢丙年或辛年，则为水运；
>
> 丁壬合化木运，就是凡逢丁年或壬年，则为木运；
>
> 戊癸合化火运，就是凡逢戊年或癸年，则为火运。

（1）大运

大运又称为"中运"，统管每一年的岁运，即气候变化，从每一年的大寒开始起运。根据天干的奇偶以及五行属性可以判断某个大运值年时的太过与不及，奇数为阳就是太过，偶数为阴就是不及。或者说是阳干为太过，阴干为不足，即阳干：甲、丙、戊、庚、壬表示太过，阴干：乙、丁、己、辛、癸表示不及。阳年为本气流行，阴年为克己之气流行。按照五运、五行和五脏的对应关系，以及不同大运的太过或不及，会影响与之对应的脏腑发生疾病。如《素问·气交变大论》云："岁木太过，风气流行……岁水不及，湿乃大行。"例如，木运太过的壬年，风气盛行，易出现风证，木乘土又容易出现脾土疾病；又如，木运不及的丁年，多见燥气盛行，易出现肺金疾病、燥证……寒证；再如，水运不及的辛年，多见湿邪流行，易出现脾系疾病、湿证，等等。在《素问·五常政大论》中对大运的不及和太过也有详细的描述，包括气候特点、影响疾病发病规律等等。

（2）主运

所谓 "主运"，即春、夏、秋、冬加上长夏所处的运，初运主春，二运主夏，三运主长夏，四运主秋，五运主冬。它们皆为主运。主运对应于一年中五个运季。从大寒日开始后的七十三天零五刻为一个运（运季）。根据春季为木和以五行相生的次序：木为初运主风，火为二运主暑热，土为三运主湿，金为四运主燥，水为终运主寒。

（3）客运

客运是以每年的大运作为初运，再根据五行相生相克的规则推算出的运即为"客运"，用来描述五个运季的异常气候变化。因为客运与大运相关联，所以也有太过与不及的状态，但是它对气候及人体影响程度弱于大运。

2. 六气

六气是风、热、火、湿、燥、寒的通称。将上述六种气分别配以地支和阴阳五行来推测每年的岁气和一年六个时段的气候变化规律。六气分为三阴和三阳，结合地支，用于说明每一年中气候的正常变化和异常变化。

在第四章中介绍了十二地支子、丑、寅、卯、辰、巳、午、未、申、酉、戌、亥之间有六冲、六合、三合等关系。

地支六冲：

子午相冲、丑未相冲、寅申相冲、辰戌相冲、卯酉相冲、巳亥相冲。

地支六合：

子丑相合、寅亥相合、卯戌相合、辰酉相合、巳申相合、午未相合。

地支三合：

申子辰三合、寅午戌三合、亥卯未三合、巳酉丑三合。

再根据十二地支的排序分阴阳：序数为奇数的地支为阳为刚，序数为偶数的地支为阴为柔，故子、寅、辰、午、申、戌为阳，丑、卯、巳、未、酉、亥为阴。根据六冲规则，六个阳地支可以分为子午、寅申、辰戌三对，六个阴地支也可以分为丑未、卯酉、巳亥三对，共有三阴三阳六对。《素问·五运行大论》云："子午之上，少阴主之；丑未之上，太阴主之；寅申之上，少阳主之；卯酉之上，阳明主之；辰戌之上，太阳主之；巳亥之上，厥阴主之。"于是就有了：子午少阴君火、寅申少阳相火、丑未太阴湿土、卯酉阳明燥金、辰戌太阳寒水、巳亥厥阴风木。

根据六气的作用分为主气和客气：

（1）主气

主气即主时之气，它和主运一样也是指每年各个季节气候的一般性的常规变化，所以叫作主气。主气在一年之中分为六种气，它们的时序排列是：风、热（君火）、火（相火）、湿、燥、寒。对应于此六种主气，将一年分为六步，每气各主一步，这样就构成了春、夏、秋、冬四季中的六类不同的气候。从每年的大寒开始每四个节气作为一步，即二十四节气被分为了六步，也就是六气。主气以厥阴风木为一步，二步为少阴君火（热）、三步为少阳相火（火）、四步为太阴湿土、五步为阳明燥金、六步为太阳寒水（终之气）。它们调控一年的正常气候变化，依据风、火、热、湿、燥、寒六步循环来调控季节并且影响人体。

这六种气的排列次序每年都相同，次序是：一阴（厥阴）、二阴（少阴），之后是一阳（少阳），之后再接三阴（太阴），之后再接二阳（阳明）、三阳（太阳）。每一种气主管四个节令。

初之气，为一阴（厥阴风木，即"风"），从1月21日至3月21日；

二之气，为二阴（少阴君火，即"热"），从3月21日至5月21日；

三之气，为一阳（少阳相火，即"火"），从5月21日至7月22日；

四之气，为三阴（太阴湿土，即"湿"），从7月22日至9月22日；

五之气，为二阳（阳明燥金，即"燥"），从9月22日至11月22日；

六之气，为三阳（太阳寒水，即"寒"），从11月22日至下一年1月21日终。

（2）客气

客气也有六种气，其排列次序是：在泉之左、司天之左、司天、司天之右、在泉之右、在泉。《素问·六元正纪大论》中曰："岁半之前，天气主之"，即司天之气（即司天之左、司天、司天之右）除了主管三个季节之外，还主管上半年的气候变化。《素问·六元正纪大论》中曰："岁半之后，地气主之"，同样的，在泉之气（即在泉之左、在泉之右、在泉）的终之气，除了主管另外三个季节之外，还主管下半年的气候变化。

关于六气：风、热、火、湿、燥、寒，历来存在着争议。在《黄帝内经》的"运气七篇"中说的六气是"风寒暑湿燥火"，主要的区别是"热"和"暑"。根据"六气在天，五行在地，在天之六气是无形的，在地之五行是有形的。所谓无形是眼睛所看不到的，有形是指眼睛能见到的"这一原理，有些中医资料中在"火"的后面加了一个括号和一个"热"字。从本质上分析，"火"与"热"同源，"热"和"暑"同义，所以并不矛盾。

如果某一年的地支与该年的天干处于生克状态，出现这种状态的年份称为平气之年。例如，天干为戊的年份（戊辰、戊戌年）为火运之年，但若天干太过，却有地支的司天克制它，于是这样的火运年为平气之年。

在六气之中分为两类：司天（司天之左、司天、司天之右）和在泉（在泉之左、在泉之右、在泉）。司天与在泉在五运六气学说中是两个阴阳性质相对的概念，它们分为三阳司天之气（少阳相火、阳明燥金、太阳寒水）和三阴在泉之气（厥阴风木、少阴君火、太阴湿土）。在"（1）主气"中列出了一年之中六气的时序，对于不同的年份还可以依据年地支来确定每一年属于哪一种气：子午之年少阴君火司天，丑未之年太阴湿土司天，寅申之年少阳相火司天，卯酉之年阳明燥金司天，辰戌之年太阳寒水司天，巳亥之年厥阴风木司天。

前面说过，司天是根据干支纪年中的年地支确定的。在确定了司天之后，在泉也就随之确定。三阳司天必定三阴在泉，三阴司天必定三阳在泉。其中的次序，在《黄帝内经》中对三阴三阳的排序有明确的说法：一阳为少阳，二阳为阳明，三阳为太阳；一阴为厥阴，二阴为少阴，三阴为太阴。而且对司天与在泉的关系也有明确的说法，即依据一对一、二对二、三对三的规则得出：一阴（厥阴）司天，必定一阳（少阳）在泉；一阳（少阳）司天，必定一阴（厥阴）在泉，等等。

举例说明如下：2020年为庚子年，年地支为子，故庚子之年少阴君火司天（二阴），根据二对二和阴对阳的规则，可以得出阳明燥金在泉（二阳）。

再举一例：2021年为辛丑年，年地支为丑，故太阴湿土司天（三阴），于是有太阳寒水在泉（三阳）。

　　笔者所以举 2020 年和 2021 年为例，原因是这两年新冠病毒引发的疫情肆虐，从五运六气的角度可以进行分析。关于这方面的论述在各种媒体

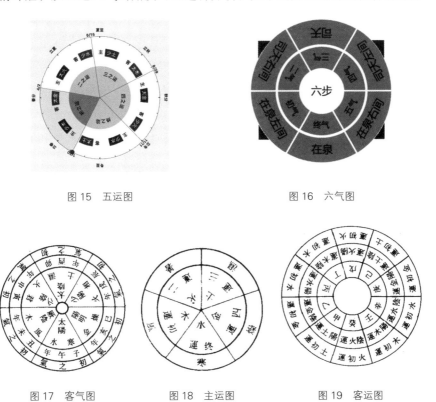

图 15　五运图　　　　　　　　　　　　图 16　六气图

图 17　客气图　　　　图 18　主运图　　　　图 19　客运图

上已经很多，本书不再赘述。

二、五运六气学说的运用

　　五运六气学说有三种运用，这三种运用都与阴阳五行理论密切相关，可以说如果没有阴阳五行理论，五运六气学说就没有了理论支撑。

1. 五运六气学说在医学上的应用

　　（1）根据气候的变化推测某些疾病发病和流行的宏观情况

　　每年的主运主气决定了该年气候的变化规律，尤其是每年的异变（特殊变化）会对某种疾病的发生和流行产生影响。即使是一年四季的气候正

常交替变化，也会由于各个季节五行属性的变化对人体产生影响。按照五运六气学说，每年的初运为木、为风、为春，在人体为肝；二运为火、为热、为夏，在人体为心；三运为土、为湿、为长夏，在人体为脾；四运为金、为燥、为秋，在人体为肺；终运为水、为寒、为冬，在人体为肾。即春季属木、夏季属火、长夏属土、秋季属金、冬季属水，所以在春季容易发生肝胆病，在夏季容易发生心脏和小肠病，在长夏容易发生脾胃病，在秋季容易发生肺和大肠病，在冬季容易发生肾和膀胱病，以及伤寒、寒痹等寒性病证。

（2）根据五运六气推测一个人的健康状况

前面说过，大运有平气、太过和不及三种状态，尤其是太过和不及的状态，再配合六气的盛衰，则可以分析一个人的健康状况。

① 木运太过，则风气流行。在春季木气往往太过而克制脾土，则一个人容易患不思饮食、体重无力、烦闷、肠鸣、腹胀满等疾病。到了秋季，金旺，会来克制原来太过的木运，导致肝气不足，多有易怒、眩晕、胁痛、肝胆不适等疾病。四季之间按照这样的规律会循环影响人的五脏六腑。本书不再赘述。

② 火运太过，则炎热流行。在夏季火运往往太过而克制肺金，则一个人容易患肺部气短气喘、胸痛，以及皮肤瘙痒、溃烂等疾病（肺主皮毛）。到了冬季，水旺，会来克制原来太过的火运，容易患心脏疾病等等。本书不再赘述。

③ 土运太过，则雨湿流行。在长夏土运往往太过而克制肾水，则一个人容易患肾虚、气血不足、筋骨酸痛（肾主骨）、情绪低落（肾藏志）等疾病。到了秋季，由于金生水，肾水病患的症状会减轻或好转等等。本书不再赘述。

④ 金运太过，则燥气流行。在秋季金运往往太过而克制肝胆木，则一个人容易患肝胆疾病、眼部不适（肝主目）、血液不畅等疾病。到了冬季，水旺，由于金生水，所以肺部处于损耗之患的状态，导致肺部也会较弱，这正是冬季里容易患感冒、咳嗽等疾病的原因。本书不再赘述。

⑤ 水运太过，则寒气流行。在冬季水运往往太过而克制心火，则一个人容易患心悸、心痛、心烦、心神不宁等疾病。而且到了春季，由于水生木，所以上述症状还会延续等等。本书不再赘述。

五运六气学说与命理学中的四柱推命术结合可以用来推算一个人的身

体状况。在四柱推命术中，需要根据一个人的出生年月日时排出八字，即年柱、月柱、日柱、时柱（四柱的每一个柱各两个字，共八个字，所以称为八字）。这八个字是由四个天干和四个地支组合而成的，于是就有了五行属性。运用五运六气学说就可以判断出一个人的体质和弱脏（即虚弱的脏腑），然后可以知道哪一个脏器需要滋补，以及如何补。可惜现在很少见到从事命理学研究的人士在排出一个人的八字之后，不仅仅用八字推命，还将八字扩展到推算一个人的健康状况。

2. 五运六气用于推断一个人的其他情况

根据一个人的八字，五运六气学说除了可以推断一个人的身体状况外，还可以用来推断此人的性格、偏好、适合的居住环境以及适合的颜色等等情况。关于这个问题，李阳波说过："《素问·五运行大论》涉及的问题很多，学好了用处非常大。不仅限于治病，甚至连各种特殊的专业选拔人才都可借鉴这些数据。比如选机要人员，要选出生时相含'太阳'较多的人，这样的人往往会守口如瓶。如含'少阳'或'厥阴'较多的人，就难以保证这类人不泄密。人的种种不同的脾性，与父母遗传有一定关系，但很大程度上与出生的时相禀赋相关。比如一个人出生时间正逢厥阴风木主令，这个人的气质应该比较柔和，其性暄，性格往往外向，好说，喜欢交往，其用动，往往好动，其志为怒，好发脾气。"

至于如何推断，不是本书讨论的主题，有兴趣的读者可以参阅专门论述这个问题的相关书籍。

第十章　常用中药材五行属性的探讨

中医和中药材是中华民族的文化瑰宝，从炎黄上古时代至今，中医和中药材始终护佑着中华民族繁衍生息。在西医和西药进入中国之前，中国人的治病、养生和防病、保健都是中医和中药材在支撑。所以前些年居然有人叫嚷要取缔中医和中药，实在是数典忘祖、荒唐至极。

国家对中医药事业越来越重视，而且提出中医药事业要在传承的基础上进行创新。科技部、卫计委、国家中医药管理局等十六个部委联合发布了《中医药创新发展规划纲要（2006-2020）》，确立了我国中医药创新发展的总体目标：

一是通过科技创新支撑中医药现代化发展，不断提高中医药对我国经济和社会发展的贡献率，巩固和加强我国在传统医药领域的优势地位。

二是重点突破中医药传承和医学及生命科学创新发展的关键问题，争取成为中国科技走向世界的突破口之一。

三是促进东西方医学优势互补、相互融合，为建立具有中国特色的新医药学奠定基础。

四是应用全球科技资源推进中医药国际化进程，弘扬中华民族优秀文化，为人类卫生保健事业作出新贡献。

2016 年 12 月又发布了《中华人民共和国中医药法》，以法律的形式确立了中医药的地位。

尤其是在 2002 年中国突发严重急性呼吸综合征（SARS），即"非典"公共卫生事件期间，以及 2020 年从湖北武汉开始的新冠病毒疫情期间，中医药发挥了巨大的作用，功不可没！时至今日，前些年社会上那批叫嚣取缔中医药的人基本上不再发出杂音了。

对于阴阳五行理论在中医治疗体系中的应用已经得到了中医中药界，甚至全社会的认同。但是纵观中医的许多典籍，对于中药材的五行属性的论述似乎偏少。关于中药材的最权威的几部药书，如《神农本草经》《本草纲目》之中介绍了药材的药性、产地、归经、药味、配伍禁忌等方面的内容，但是对每一味药材的五行属性却很少涉及。在《伤寒论》《千金方》《汤头歌诀》等等关于用药的诸多医书中，很少有直接介绍每一味药材的五行属性的，更遑论介绍药材的五行属性对治病和养生的作用。

但是，有少数典籍还是重视中药材的五行属性的。值得一提的是《汤液经法》（商代伊尹著）和敦煌遗书中发现的《辅行诀》（南朝时期的医学家陶弘景著），这两本书对几十种常用药材的五行属性，以及这些药材的用法和处方有比较详细的介绍。这是在其他医书和药书中难得一见的。尤其是在《辅行诀》中根据五味（酸、苦、甘、辛、咸）的五行属性与每一味药材的味对应起来，进一步确定药材的五行属性。这正是笔者用于确定常用药材五行属性的依据和方法。二者都是秉承了阴阳五行理论的原理。由此可见，希望确定常用药材五行属性的想法并不是笔者突发奇想，历史上已经有人做了这件事。

后来，张大昌公布的《辅行诀五脏用药法要》和方国强发表的《试论〈辅行诀〉医方所用中药药物之阴阳五行属性》中都论述了几十种常见中药材的五行属性问题。

笔者认为，五行是中国古代的先贤对宇宙万物的属性加以划分而创立的，中药材也是宇宙万物中的一类物质，它们也必然具有五行属性。这一点正是笔者尝试探讨中药材的五行属性的起因。关键是如何确定中药材的五行属性，以及如何加以应用。本章只是对于如何确定中药材五行属性进行探讨和尝试，至于如何应用，应该是众多中医学家和中药学家们研究的课题。

中医和中药体系是建立在阴阳五行理论基础上的，所以不仅人的五脏六腑、经络等等具有阴阳五行属性，而且每一味药都具有阴阳五行属性。搞清楚这个问题，对于治病和养生是非常有帮助的。古代的医学家（如陶弘景）和现代的中医师（如张大昌、方国强等）都是从中医理论出发认识到中药材具有五行属性的。而笔者只是认为既然宇宙万物都具有五行属性，那么中药材不会是例外，也应该具有五行属性。并从当年写姓名学的书需要确定汉字的五行属性这一经验得到启发，将药材的味道与五行属性联系起来，用于确定药材的五行属性，可以说与专业的中医药学者殊途同归，不谋而合，根源都是依据阴阳五行理论。

需要说明的是，本书既不是医学专著，也不是药物学专著，本书的主题是讨论中医和中药材与阴阳五行理论的关系和运用，以下只是介绍常用中药材的五行属性问题。笔者不是中医和中药领域的专业人士，只是一个业余研究者，希望能得到中医和中药领域的专业人士的指正。

一、古代关于中药材的五行属性的论述

虽然《神农本草经》《本草纲目》等几部关于中药材的典籍没有像《辅行诀》那样专门论述每一味药材的五行属性，但是在一些古医书中还是有不少关于药材的五行属性的论述。列举一些论述如下：

1. 笔者迄今见到最早论述中药材五行属性的医书是《汤液经法》。书中不仅论述了药材的五行属性，而且将中药材与阴阳，以及具有五行属性的方位、季节和天干地支等元素关联了起来。尤其是对方位的论述不仅仅涉及东西南北中，还细化到东北、东南、西北、西南，覆盖了四面八方。以下是《汤液经法》中很有代表意义的一段文字：

北方壬癸水，其季冬，其位子，其神玄冥，其兽玄武，其宿斗、牛、女、虚、危、室、壁。其气凛，其剂渗。经云："渗可祛湿"。其方玄武，白术、茯苓、生姜、甘草属。

东方甲乙木，其季春，其位卯，其神勾芒，其兽青龙，其宿角、亢、氐、房、心、尾、箕。其气散，其剂轻。经云："轻可祛实（一云闭，邪气闭实也）"。其方青龙，麻黄、甘草、杏仁、桂枝属。

南方丙丁火，其季夏，其位午，其神祝融，其兽朱鸟（雀），其宿井、鬼、柳、星、张、翼、轸。其气润，其剂滋（一云润）。经云："滋可已枯"。其方朱鸟，阿胶、鸡子黄、黄连、黄芩属。

西方庚辛金，其季秋，其位酉，其神蓐收，其兽白虎，其宿奎、娄、胃、昴、毕、觜、参。其气肃，其剂收。经云："收可已耗"。其方白虎，石膏、粳米、知母、甘草属。

北东其位丑，阳气始生，地气始动。其宿咸池，其气滑。经云："滑可祛著"。其方咸池，榆皮、葵子、黄芩、滑石属。

东北其位寅，日出之方，阳气初生，其宿阳旦，其气温。经云："温可祛寒"。其方阳旦，桂枝、甘草、大枣、生姜属。

东南其位辰，阳气大振，万物思动。其宿天阿，其气宣。经云："宣可祛郁"。其方天阿，生姜、半夏、橘皮、桂心属。

南东其位巳，阳气大张，大雨思降，其宿腾蛇，其气泄。经云："泄

可祛实"。其方螣蛇，厚朴、大黄、甘草、枳实属。

南西其位未，未者，味也，百味斯实。其宿神后，其气涩。经云："涩可固脱"。其方神后，赤石脂、干姜、禹粮石、粳米属。

西南其位申，阴气初盛，月出之地。其宿阴旦，其气清。经云："清可祛热"。其方阴旦，黄芩、大枣、甘草、芍药属。

西北其位戌，大地澄清，生机已减。其宿紫宫，其气重。经云："重可祛怯"。其方紫宫，牡蛎、龙骨、滑石、赤石脂属。

北西其位亥，阴气思收，大地闭塞。其宿勾陈，其气补。经云："补可扶弱"。其方勾陈，甘草、生姜、大枣、人参属。

令人不解的是，后来的医家对《汤液经法》中药性药效的论述比较重视，多予引用和传承。但是似乎忽略了药材属性与方位的关系，只有南朝的陶弘景在他的《辅行诀》中采用了《汤液经法》中的说法。

2. 在《辅行诀》中对药材的五行属性有一段论述：

经云：在天成象，在地成形。天有五气，化成五味，五味之变，不可胜数。今者约列二十五种，以明五行互含之迹，以明五味变化之用。如左：

味辛皆属木，桂为之主。椒为火，姜为土，细辛为金，附子为水。

味咸皆属火，旋复为之主。大黄为木，泽泻为土，厚朴为金，硝石为水。

味甘皆属土，人参为之主。甘草为木，大枣为火，麦冬为金，茯苓为水。

味酸皆属金，五味为之主。枳实为木，豉为火，芍药为土，薯蓣为水。

味苦皆属水，地黄为之主。黄芩为木，黄连为火，白术为土，竹叶为金。

此二十五味，为诸药之精，多疗五脏六腑内损诸病，学者当深契焉。

不难看出，这段论述的出处就是来自上面介绍的《汤液经法》。

3. 在《本草纲目·十剂》中有："……空青法木，色青而主肝；丹砂法火，色赤而主心；云母法金，色白而主肺；磁石法水，色黑而主肾；黄石脂法土，色黄而主脾。故触而长之，莫不有自然之理也。"其中列举了一些中药材的五行属性，并且包含了五脏的五行属性：肝属木、心属火、肺属金、肾属水、脾属土。

搞清楚中药材的五行属性，对于研究中医治病和养生的作用非常有必要。例如：

五行属性为木的药材（味辛）补肝，补肝者又能补血；

五行属性为火的药材（味咸）补心，补心者又能补神；

五行属性为土的药材（味甘）补脾，补脾者又能补中；

五行属性为金的药材（味酸）补肺，补肺者又能补气；

五行属性为水的药材（味苦）补肾，补肾者又能补精。

上面只是列举了古籍中比较有代表性的几部医书，本书毕竟不是医学专著，其他的医书中关于药材五行属性的论述不再罗列。

二、常用中药材的五行属性

经过数千年的传承和发掘，中华传统的天然药物是一座极其丰富的宝库。在 1999 年出版的《中华本草》中列出了 8980 种中药材。这些药物主要是汉族地区的，中国是一个多民族国家，许多少数民族有本民族的医学和药物体系，例如藏医藏药、蒙医蒙药、苗医苗药等等。据有人统计，如果加上各个少数民族使用的数千种药材，中华传统的天然药物有 12800 余种。自古以来关于中华传统的天然药物的各类书籍达数百种之多，其中最具代表性的两部典籍是《神农本草经》和《本草纲目》，是当下中医药的专业人士必不可少的工具书。

各种药书中收集的药物数量各不相同。例如《神农本草经》中收集了 365 种药材，《本草纲目》中收集了 1892 种药材和 11096 个药方。而且它们的特点各有千秋，有的是按照药物的类别加以分类，有的是根据功能进行分类。可是，无论怎么分类，在这两部典籍中都没有专门按照五行属性对药材进行分类。本书标注了常用药材的五行属性，也许是开了一个先河。

所谓常用药材有多少种？本书应该涉及多少种常用药材？国家没有这方面的标准。为此笔者专门请教了药物界的专家，有一位专家建议笔者采用《神农本草经》中的 365 种药材，因为一年有 365 天，与 365 味药材相对应。陶弘景曾说："上中下三品之药，凡三百六十五味，以应周天之度，四时八节之气。"对于常规的治疗和养生需求来说，有365种已经足够了。目前几乎所有的中药店摆放的中药柜都没有达到365个抽屉。但是有一种观点认为，即使在古时，人们认识和使用的药物已远远不止这些。之所以收集365种药材，是为了附会一年有365天，这恰恰是《神农本草经》的缺陷。本书的主题是分析药材的五行属性，并不是一本药物学的专著，所以分析《神农本草经》中365味药材的五行属性已经足够有代表性，不必去纠结于几百种还是几千种。

《神农本草经》又名《神农本草》，是我国现存最早的药学专著，作者不详，"神农"应该是后世的人托名。在我国古代，大部分药物是植物药，所以"本草"成了它们的代名词，这部书也以"本草经"命名。汉代托古之风盛行，人们厚古薄今，为了提高该书的地位，增强人们的信任感，它借用神农遍尝百草发现药物这一妇孺皆知的传说，将神农冠于书名之首，定名为《神农本草经》。如同《黄帝内经》冠以黄帝一样，都是出于托名古代圣贤的意图。《神农本草经》成书的年代有成书于战国时期或者成书于秦汉时期（大约公元前一世纪左右）等等多种说法。医学史界比较公认的结论是，此书并非出自一人之手一时完成的，而是秦汉时期众多医学家总结、搜集、整理而成的。现在见到的《神农本草经》是后世人从历代传下来的各种版本中编辑而成的。笔者是赞同这个观点的，并且可以举出例证。如在《神农本草经》中的"阿胶"这味药，不是天然药物，是后世的药物家研发出来的，不可能出现在神农时代。

《神农本草经》分三卷，收集了365种药物（植物药252种，动物药67种，矿物药46种），分为上、中、下三品（有人认为所谓上、中、下三品，是对应于天、地、人三界）。《神农本草经》又按照药物的类别进行分类，分为玉石、草、木、人、兽、禽、虫鱼、果、米谷、菜等十个类别，称为"部"。

上品是指上等中药材，药食同源的一些药材，无任何毒素，长期食用对身体无害，有药食两用之功效，主要作用是养生、保命。有人参、甘草、大枣、阿胶等无毒滋补药品大约120种。根据中医用药的"君、臣、佐、使"的规则，上品药物为君药。

中品是指主要用于治病的药材，主养性，具补养及治疗疾病之功效。

是无毒或有少量毒素的药物，长期服用对身体会造成较大的损害。有丹参、沙参、麻黄、五味子等大约 120 种。根据中医用药的"君、臣、佐、使"的规则，中品药物为臣药。

下品多有毒，不可久服，多为除寒热、破积聚的药物，主治病。有附子、大黄、巴豆等虽有剧毒但能治病的药物 125 种。根据中医用药的"君、臣、佐、使"的规则，下品药物为佐药和使药。

《神农本草经》对药物的性味也作出了详尽的描述，指出寒、热、温、凉四气和酸、苦、甘、辛、咸五味是药物的基本药性，并结合五行生克的关系，对药物的配伍、归经、走势、升降、浮沉等因素作了详细的分析。从而针对疾病的寒、热、湿、燥等不同性质选择用药：寒病选热药；热病选寒药；湿病配温燥之品；燥病需凉润之流。

由于《神农本草经》和《本草纲目》中没有标注常用药材的五行属性，而在《汤液经法》和《辅行诀》中仅对几十种药材标注了五行属性，不够完整。但是，在《辅行诀》中提供了确定药材五行属性的方法，即根据每一味药材的味（五味：酸、苦、甘、辛、咸）来确定药材的五行属性。笔者认为这种方法是合理有效的，与笔者当年撰写《名至实归》（团结出版社，2017 年出版）时，根据每个汉字的读音（五音：宫、商、角、徵、羽）的五行属性来确定一个汉字的五行属性的方法殊途同归。因此，表 16 中列出《神农本草经》中 365 味药材的五行属性就是采用此方法。这并不是笔者臆想的规则，前人在《素问·至真要大论》中已经有过论述："夫五味入胃，各归所喜攻，酸先入肝，苦先入心，甘先入脾，辛先入肺，咸先入肾。"

五味是指酸、苦、甘、辛、咸。它们的五行属性分别是：

酸的五行属性为木，苦的五行属性为火，甘的五行属性为土，辛的五行属性为金，咸的五行属性为水。

笔者在编写本书过程中查阅了许多中药材的典籍，绝大多数的中药材典籍中列出了各味中药材的"归经"。古人认为，归经就是某一种中药材对于人体相应的脏腑、经络有着特殊的作用。例如，龙胆草归肝胆经，藿香归脾胃二经等等。而且，不同的清热药物由于归经不同，所以被清热的脏腑亦各不相同，例如，鱼腥草可以清肺热，竹叶可以清胃热，莲子心可以清心火，夏枯草可以清肝火等等。

　　至于归经的规则，古人在《汤液经法》和《辅行诀》中是依据每一种中药材具有对应的五行属性，再与脏腑的五行属性联系起来而确定每一味中药材的归经。诸如：酸味属木，故归肝经、胆经；苦味属火，故归心经、小肠经；辛味属金，故归肺经、大肠经；甘味属土，故归脾经、胃经；咸味属水，故归肾经、膀胱经。但是在《神农本草经》中有超过百分之十的药材没有标明归经，而在《本草纲目》中则大部分药材没有标明归经。笔者为了本书的完整性，对于典籍中没有标明归经的中药材，依据其药味，进行了补注。这些补注是否正确有待中医药学专家们指正。

　　此外，辛、甘、酸、苦、咸五味除了其五行属性可以用于确定药材的归经外，还具有各自的药效，也有助于确定药材的归经。诸如，辛味药材具有发散和行气的药效，甘味药材具有补养、缓急、和中的药效，酸味药材具有收敛固涩的药效，苦味药材具有清热、燥湿和泻下的药效，咸味药材多具有软坚和润下的药效，淡而无味的药则具有渗湿和利小便的药效，涩味药具有收敛止汗、固精、止泻及止血的药效。在这七种滋味中的淡而无味的药和涩味药，由于"淡附于甘"、涩味与酸味同性，所以本质上还是"五味"。

　　笔者在查阅中药材典籍时发现，有些药材的归经与药味并不吻合。例如，附子、乌头和天雄这三味中药的药味都是"辛"，按照药味定归经的说法，它们都应该归肺经。但是在典籍中却是附子归"心经、肾经、脾经"，乌头归"心经、肝经、脾经"，天雄归"肾经"。再如草蒿，其药味为苦，却不归苦味对应的心经，而是归肝经、胆经。笔者认为，究其原因应该是确定一味药材的归经不仅仅凭药味的五行属性，它的药效对归经也是有重要影响的。在关于药材的典籍中是将性味与归经放在一起标注的，所以对《素问·至真要大论》中的论述不能简单化地理解。

　　特别要说明的是，本书的主题是讨论阴阳五行理论与中国传统文化各个领域的关系，不是药物学的专门著作。本章虽然比较完整地介绍了365种常用中药材的五行属性，但是只是列出药材名称、性味、归经和五行属性，以及每一味中药材的简介，不涉及每一味中药材的功效、产地、配伍等等详细内容。

表16　常用中药材（365 种）的药性、药味、归经和五行属性

	品级	部别	药名	性味	归经	五行属性	简介
1			丹砂	味甘、微寒	归心经	土	主养精神，安魂魄，益气，明目。
2			云母	味甘，平	归脾经	土	主除邪气，安五脏，益精，明目。
3			玉泉	味甘，平	归胃经	土	主柔筋强骨，安魂魄，长肌肉，益气，久服耐寒暑。
4			石钟乳	味甘，温	归肺经、肾经	土	主咳逆上气，明目益精，安五藏，通百节，利九窍，下乳汁。
5			涅石	味酸，寒	归肝经、脾经	木	主寒热泄利，目痛，坚筋固齿。炼饵服之，轻身不老，增年。
6			消石	味苦，寒	归肺经	火	主五藏积热，胃张闭，涤去蓄结饮食，推陈致新，除邪气。
7	上品	玉石部	朴消	味苦，寒	归胃经、大肠经	火	主除寒热邪气，逐六腑积聚，结固，留癖，能化七十二种石。
8			滑石	味甘，寒	归胃经、膀胱经	土	主身热泄澼，女子乳难，癃闭。利小便，荡胃中积聚寒热，益精气。
9			石胆	味酸，寒	归肝经、胃经	木	主明目，目痛，诸痫痉，女子阴蚀，石淋，寒热，崩中下血，诸邪毒气，令人有子。
10			空青	味甘，寒	归肝经	土	主眚盲，耳聋。明目，利九窍，通血脉，养精神。
11			曾青	味酸，小寒	归肝经	木	主目痛止泪，出风痹，利关节，通九窍，破症坚积聚。
12			禹余粮	味甘，寒	归肝经	土	主咳逆寒热，烦满下赤白，血闭，症瘕，大热。

	品级	部别	药名	性味	归经	五行属性	简介
13			太一余粮	味甘，平	归胃经、大肠经	土	主咳逆上气，症瘕，血闭，漏下，余邪气。
14			白石英	味甘，微温	归肺经、肾经、心经	土	主消渴，阴痿，不足，咳逆，胸膈间久寒，益气，除风湿痹。
15			紫石英	味甘，温	归心经、肝经	土	主心腹咳逆，邪气，补不足，女子风寒在子宫，绝孕十年无子。
16		玉石部	青石、赤石、黄石、白石、黑石脂等	味甘，平	归肺经、大肠经	土	主黄疸，泄利，肠澼，脓血，下血，赤白，邪气，痈肿，疽痔，恶创，头疡，疥搔。
17	上品		白青	味酸、咸，平	归肝经	土	主明目,利九窍,耳聋,心下邪气,令人吐,杀诸毒,三虫。
18			扁青	味酸、咸，平	归肝经	土	主目痛，明目，折跌，痈肿，金创不疗，破积聚，解毒气，利精神。
19			菖蒲	味辛，温	归心经、肺经	金	主风寒湿痹，咳逆上气，开心孔，补五脏，通九窍，明耳目，出声音。
20		草部	鞠华（菊花）	味苦，平	归肺经、肝经	火	主风，头眩肿痛，目欲脱，泪出，皮肤死肌，恶风湿痹。
21			人参	味甘，微寒	归脾经、肺经、心经	土	主补五脏，安精神，定魂魄，止惊悸，除邪气，明目，开心，益智。
22			天门冬	味苦，平	归肺经、肾经	火	主诸暴风湿偏痹，强骨髓，杀三虫，去传染病伏尸。
23			甘草	味甘，平	归心经、肝经	土	主五脏六腑寒热邪气，坚筋骨，长肌肉，倍力，金创，解毒。

续表

品级	部别	药名	性味	归经	五行属性	简介
24		生地黄	味甘，寒	归心经、肝经、肾经	土	主折跌绝筋，伤中，逐血痹，填骨髓，长肌肉，除寒热积聚，除痹，生者尤良。
25		白术	味苦，温	归脾经、胃经	火	主风寒湿痹死肌，痉疸，止汗，除热，消食，作煎饵。
26		菟丝子	味辛，平	归肝经、肾经、脾经	金	滋补肝肾，固精缩尿，安胎，明目，止泻。
27		牛膝	味苦酸，寒	归肝经、肾经	木	主湿痿痹，四肢拘挛，膝痛不可屈伸，逐血气伤，热，火烂，堕胎。
28		茺蔚子	味辛，微温	归心经、肝经、膀胱经	金	主明目益精，除水气。久服轻身，茎生瘾疹痒，可作浴汤。
29	上品	草部	女萎	味甘，平	归肝经、脾经、大肠经	土	主中风暴热，不能动摇，跌筋结肉，诸不足。
30		防葵	味辛，寒	归肺经、肝经、脾经、胃经、肾经	金	主疝瘕，肠泄，膀胱热结，溺不下，咳逆，温疟，癫痫，惊邪，狂走。
31		柴胡	味苦，平	归肝经、胆经	火	主心腹，去肠胃中结气，饮食积聚，寒热邪气，推陈致新。
32		麦门冬	味甘，平	归肺经、胃经、心经	土	主心腹，结气伤中伤饱，胃络脉绝，羸瘦气短。
33		独活	味苦，平	归肝经、肾经、膀胱经	火	主风寒所击，金疮止痛，奔豚，痫痉，女子疝瘕。
34		车前子	味甘，寒	归肾经、肝经、肺经	土	主气癃，止痛，利水道小便，除湿痹。

续表

	品级	部别	药名	性味	归经	五行属性	简介
35			木香	味辛，温	归肺经、肝经、脾经	金	主邪气，辟毒疫温鬼，强志，主淋露气不足。
36			薯蓣	味甘，温	归脾经、胃经、肾经	土	主伤中，补虚羸，除寒热邪气，补中益气，长肌肉。
37			薏苡仁	味甘，微寒	归脾经、胃经、肺经	土	主筋急，拘挛不可屈伸，风湿痹，下气。
38			泽泻	味甘，寒	归肾经、膀胱经	土	主风寒湿痹，乳难消水，养五脏，益气力，肥健。
39			远志	味苦，温	归肾经	火	主咳逆，伤中，补不足，除邪气，利九窍，益智慧，耳目聪明，不忘，强志倍力。
40	上品	草部	龙胆	味苦，涩	归肝经、胆经	火	主骨间寒热，惊痫，邪气续绝伤，定五脏，杀蛊毒。
41			细辛	味辛，温	归肺经、肾经	金	主咳逆，头痛，脑动，百节拘挛，风湿，痹痛，死肌。
42			石斛	味甘，平	归胃经、肾经	土	主伤中，除痹，下气，补五脏虚劳，羸瘦，强阴。
43			巴戟天	味辛，微温	归肾经、肝经	金	主大风邪气，阳痿不起，强筋骨，安五脏，补中，增志，益气。
44			白英	味甘，寒	归肝经、胃经	土	主寒热，八疸，消渴，补中益气。
45			白蒿	味甘，平	归脾经、胃经、肝经、胆经	土	主五脏邪气，风寒温痹，补中益气，长毛发，令黑，疗心悬，少食，常饥。

	品级	部别	药名	性味	归经	五行属性	简介
46			赤箭	味辛，温	归肝经、脾经、肾经	金	主杀鬼，精物蛊毒恶气。
47			奄闾子	味苦，微寒	归肝经	火	主五脏淤血，腹中水气，胪张留热，风寒湿痹，身体诸痛。
48			析蓂子	味辛，微湿	归肝经、肾经	金	主明目，目痛泪出，除痹，补五脏，益精光。
49			蓍实	味苦，平	归肝经	火	主益气，充肌肤，明目，聪慧先知。
50	上品	草部	六芝（赤芝、黑芝、青芝、白芝、黄芝、紫芝）（各种灵芝）	赤芝，味苦，平	归心经、肺经、肝经、肾经	火	主胸中结，益心气，补中，增慧智，不忘。
				黑芝，味咸，平	归心经、肺经、肝经、肾经	水	主癃，利水道，益肾气，通九窍，聪察。
				青芝，味酸，平	归心经、肺经、肝经、肾经	木	主明目，补肝气，安精魂，仁恕。
				白芝，味辛，平	归心经、肺经、肝经、肾经	金	主咳逆上气，益肺气，通利口鼻，强志意，勇悍，安魄。
				黄芝，味甘，平	归心经、肺经、肝经、肾经	土	主心腹五邪，益脾气，安神，忠信和乐。
				紫芝，味甘，温	归心经、肺经、肝经、肾经	土	主耳聋，利关节，保神，益精气，坚筋骨，好颜色。

续表

	品级	部别	药名	性味	归经	五行属性	简介
51			卷柏	味辛，温	归肝经、心经	金	主五脏邪气，女子阴中寒热，痛，症瘕，血闭，绝子。
52			蓝实	味苦，寒	归肝经	火	主解诸毒，杀蛊蚑，注鬼，螫毒。
52			川芎	味辛，温	归肝经、胆经	金	主中风入脑，头痛，寒痹，痉挛，缓急，金创，妇人血闭，无子。
53			藤芜	味辛，温	归肝经、胆经、心经	金	主咳逆，定惊气，辟邪恶，除蛊毒鬼注，去三虫。
54	上品	草部	黄连	味苦，寒	归心经、脾经、肝经、胆经、大肠经	火	主热气，目痛，眦伤，泣出，明目，肠澼，腹痛，下痢，妇人阴中肿痛。
55			络石	味苦，温	归心经、肝经、肾经	火	主风热，死肌，痈伤，口干舌焦，痈肿不消，喉舌肿，水浆不下。
56			蒺藜子	味苦，温	归肝经	火	主恶血，破症结积聚，喉痹，乳难。
57			黄芪	味甘，微温	归肺经、脾经	土	主痈疽久败创，排脓止痛，大风，痢疾，五痔，鼠瘘，补虚，小儿百病。
58			肉苁蓉	味甘，微温	归肾经、大肠经	土	主五劳七伤，补中，除茎中寒热痛，养五脏，强阴，益精气，多子，妇人症瘕。
59			防风	味甘，温	归脾经、胃经、肝经	土	主大风，头眩痛，恶风，风邪，目盲无所见，风行周身，骨节疼痹，烦满。
60			蒲黄	味甘，平	归肝经、心包经	土	主心腹旁光寒热，利小便，止血，消淤血。

续表

	品级	部别	药名	性味	归经	五行属性	简介
61			香蒲	味甘,平	归脾经、肾经、肝经	土	主五脏,心下邪气,口中烂臭,坚齿明目聪耳。
62			续断	味苦,微温	归肝经、肾经	火	主伤寒,补不足,金创痈伤,折跌,续筋骨,妇人乳痛,崩中,漏血。
63			漏芦	味苦咸,寒(以咸为主定属性)	归胃经	水	主皮肤热,恶创,疽痔,湿痹,下乳汁。
64			营实	味酸,温	归胃经	木	主痈疽恶创,结肉,跌筋,败创,热气,阴蚀不疗,利关节。
65			天名精	味甘,寒	归肝经、肺经	土	主淤血,血瘕欲死,下血,止血,利小便。
66	上品	草部	决明子	味咸,平	归肝经、大肠经	水	主青盲,目淫,肤赤,白膜,眼赤痛,泪出。
67			丹参	味苦,微寒	归心经、肝经	火	主心腹邪气,肠鸣幽幽如走水,寒热积聚,破症除瘕,止烦满,益气。
68			茜根	味苦,寒	归肝经、心经、脾经、胃经、肺经	火	主寒湿,风痹,黄疸,补中。
69			飞廉	味苦,平	归肺经、肝经、膀胱经	火	主骨节热,胫重酸疼。
70			五味子	味酸,温	归肺经、心经、肾经	木	主益气,咳逆上气,劳伤羸瘦,补不足,强阴,益男子精。
71			旋花	味甘,温	归肺经、肾经	土	主益气,去面部发黑,色媚好,其根,味辛,主腹中寒热邪气,利小便。

续表

	品级	部别	药名	性味	归经	五行属性	简介
72			兰草	味辛，平	归肺经	金	主利水道，杀蛊毒，辟不祥。
73			蛇床子	味苦，平	归肾经、脾经	火	主妇人阴中肿痛，男子阳痿，湿痒，除痹气，利关节，癫痫恶创。
74			地肤子	味苦，寒	归肝经、脾经、大肠经	火	主膀胱热，利小便，补中益精气。
75			景天	味苦，平	归心经、肝经、肾经、大肠经	火	主大热，火创，身热，烦邪恶气，花，主女人漏下赤白，轻身明目。
76			茵陈	味苦，平	归脾经、胃经、肝经、胆经	火	主风湿寒热，邪气，热结黄疸。
77	上品	草部	杜若	味辛，微温	归肝经、肾经	金	主胸胁下逆气，温中，风入脑户，头肿痛，多涕泪出。
78			沙参	味苦，微寒	归肺经、胃经	火	主血积惊气，除寒热，补中，益肺气。
79			白兔藿	味苦，平	归心经、小肠经	火	主蛇虺，蜂虿，猘狗，菜肉蛊毒注。
80			徐长卿	味辛，温	归肝经、胃经	金	主鬼物，百精，蛊毒，疫疾邪恶气，温疟。
81			石龙刍	味苦，微寒	归心经、肝经	火	主心腹邪气，小便不利，淋闭，风湿，鬼注，恶毒。
82			薇衔	味苦，平	归心经	火	主风湿痹，历节痛，惊痫，吐舌，悸气，贼风，鼠瘘，痈肿。
83			云实	味辛，温	归胃经、脾经	金	主泄利，肠澼，杀虫，蛊毒，去邪毒结气，止痛除热，平主见鬼精物，多食令人狂走。

续表

	品级	部别	药名	性味	归经	五行属性	简介
84			王不留行	味苦，平	归肝经、胃经	火	主金创，止血逐痛，出刺，除风痹内寒。
85			升麻	味辛、微甘，微寒	归肺经、大肠经、脾经、胃经	金（以辛为主要属性）	主解百毒，杀百老物殃鬼，辟温疾、障，邪毒蛊。
86			青蘘	味甘，寒	归心经、肝经、脾经	土	主五脏邪气，风寒湿痹，益气，补脑髓，坚筋骨。
87		草部	姑活	味甘，温	归大肠经、小肠经	土	主大风邪气，湿痹寒痛。久服轻身益寿耐老。
88			别羁	味苦，微温	归心经（依味苦而定）	火	主风寒湿痹，身重，四肢疼酸，寒邪，历节痛。
89	上品		屈草	味苦，微寒	归心经（依味苦而定）	火	主胸胁下痛，邪气，腹间寒热阴痹。
90			淮木	味苦，平	归心经（依味苦而定）	火	主久咳上气，肠中虚羸，女子阴蚀，漏下赤白沃。
91			牡桂	味辛，温	归脾经、胃经、肝经、肾经	金	主上气咳逆，结气喉痹，吐吸，利关节，补中益气。
92		木部	菌桂	味辛，温	归肾经、脾经、心经、肝经	金	主百病，养精神，和颜色，为诸药先聘通使。
93			松脂	味苦，温	归肝经、脾经	火	主疽，恶创头疡，白秃，疥搔，风气，五藏，除热。
94			槐实	味苦，寒	归肝经、大肠经	火	主五内邪气热，止涎唾，补绝伤，五痔，火创，妇人乳瘕，子藏急痛。

续表

品级	部别	药名	性味	归经	五行属性	简介
95		枸杞	味苦，寒	归肝经、肾经、肺经	火	主五内邪气，热中，消渴，周痹。
96		柏实	味甘，平	归心经、肾经、大肠经	土	主惊悸，安五藏，益气，除湿痹。
97		茯苓	味甘，平	归心经、脾经、肾经	土	主胸胁逆气，忧恚，惊邪，恐悸，心下结痛，寒热烦满，咳逆，口焦舌干，利小便。
98		榆皮	味甘，平	归胃经、膀胱经	土	主大小便不通，利水道，除邪气。
99		酸枣	味酸，平	归肝经、胆经、心经	木	主心腹寒热，邪结气聚，四肢酸疼，湿痹。
100	上品	木部	蘗木	味苦，寒	归心经、肾经	火	主五脏，肠胃中结热，黄疸，肠痔，止泄利，女子漏下赤白，阴阳蚀创。
101		干漆	味辛，温	归肝经、脾经	金	主绝伤补中，续筋骨填髓脑，安五藏，五缓六急，风寒湿痹，生漆去长虫。
102		五加皮	味辛，温	归肝经、肾经	金	主心腹疝气，腹痛，益气疗躄，小儿不能行，疽创阴蚀。
103		蔓荆实	味苦，微寒	归肝经、胃经、膀胱经	火	主筋骨间寒热痹，拘挛，明目坚齿，利九窍，去白虫。
104		辛夷	味辛，温	归肺经、胃经	金	主五脏，身体寒风，头脑痛，面䵟。
105		桑上寄生	味苦，平	归肝经、脾经	火	主腰痛，小儿背强，痈肿，安胎，充肌肤，坚发齿，长须眉，其实明目，轻身通神。

	品级	部别	药名	性味	归经	五行属性	简介
106			杜仲	味辛，平	归肾经	金	主腰脊痛，补中，益精气，坚筋骨，强志，除阴下痒湿，小便余沥。
107			女贞实	味苦，平	归肝经、肾经	火	主补中，安五脏，养精神，除百疾。
108		木部	木兰	味苦，寒	归肝经、脾经	火	主身大热在皮肤中，去面热，赤疱，酒皶，恶风瘨疾，阴下痒湿，明耳目。
109			蕤核	味甘，温	归肝经、心经	土	主心腹邪气，明目，目赤痛伤泪出。
110			橘柚	味辛，温	归脾经、肺经	金	主胸中瘕热逆气，利水谷。
111	上品	人部	发髲	味苦，温	归心经、肝经、肾经	火	主五癃，关格不通，利小便水道，疗小儿痫，大人痓，仍自还神化。
112			龙骨	味甘，平	归心经、肝经、肾经	土	主心腹，鬼注，精物老魅，咳逆，泄利，脓血，女子漏下，症瘕坚结，小儿热气惊痫，小儿大人惊痫瘨疾狂走，心下结气，不能喘息，诸痉，杀精物。
113		兽部	麝香	味辛，温	归心经、脾经	金	主辟恶气，杀鬼精物，温疟，蛊毒，痫痓，去三虫。久服除邪，不梦寤厌寐。
114			牛黄	味苦，平	归心经、肝经	火	主惊痫，寒热，热盛狂痓，除邪逐鬼。
115			熊脂	味甘，微寒	归脾经、大肠经、心经	土	主风痹不仁，筋急五藏腹中积聚，寒热羸瘦，头疡，白秃，面皯疱。

品级	部别	药名	性味	归经	五行属性	简介
116	兽部	白胶	味甘，平	归肝经、肾经	土	主伤中劳绝，腰痛，羸瘦，补中益气，妇人血闭无子，止痛，安胎。
117		阿胶	味甘，平	归肺经、肝经、肾经	土	主心腹，内崩，劳极，洒洒如疟状，腰腹痛，四肢酸疼，女子下血安胎。
118	禽部	丹雄鸡	味甘，微温	归脾经、胃经	土	主女人崩中漏下，赤白沃，补虚，温中，止血，通神，杀毒辟不祥，头主杀鬼，东门上者尤良。
119		雁肪	味甘，平	归心经、肝经、胃经	土	主风挛，拘急，偏枯，气不通利。
120	虫鱼部	石蜜	味甘，平	归脾经、肺经、大肠经	土	主心腹邪气，诸惊痫痓，安五藏，诸不足，益气补中，止痛解毒，除众病，和百药。
121		蜂子	味甘，平	归脾经、胃经	土	主风头，除蛊毒，补虚羸伤中。大黄蜂子，主心腹，复满痛，轻身益气，土蜂子，主痈肿。一名蜚零。生山谷。
122		蜜蜡	味甘，微温	归脾经、胃经、大肠经	土	主下利脓血，补中续绝伤金创，益气不饥耐老。
123		牡蛎	味咸，平	归肝经、胆经、肾经	水	主伤寒寒热，温疟洒洒，惊恚怒气，除拘缓鼠瘘，女子带下赤白。

续表

	品级	部别	药名	性味	归经	五行属性	简介
124	上品	虫鱼部	龟甲	味咸，平	归肝经、肾经、大肠经	水	主漏下赤白，破症瘕，痎疟，五痔，阴蚀，湿痹，四肢重弱，小儿囟不合。
125			桑蜱蛸	味咸，平	归肝经、肾经、膀胱经	水	主伤中，疝瘕，阴痿，益精生子，女子血闭，腰痛，通五淋，利小便水道。
126			海蛤	味苦，平	归肺经、胃经	火	主咳逆上气，喘息烦满，胸痛，寒热。
127			文蛤	味咸，平	归胃经	水	主恶疮，蚀，五痔。
128			蠡鱼	味甘，寒	归脾经、胃经	土	主湿痹，面目浮肿，下大水。
129			鲤鱼胆	味苦，寒	归心经、肝经、脾经	火	主目热赤痛青盲，明目。
130		果部	藕实茎	味甘，平	归心经、脾经、胃经	土	主补中养神，益气力，除百疾。
131			大枣	味甘，平	归脾经、胃经	土	主心腹邪气，安中养脾肋十二经，平胃气，通九窍，补少气，少津液，身中不足，大惊，四肢重，和百药。
132			葡萄	味甘，平	归肺经、脾经、肾经	土	主筋骨湿痹，益气，倍力，强志，令人肥健，耐饥忍风寒。
133			蓬蘽	味酸，平	归肝经、肾经	木	主安五脏，益精气，长阴令坚，强志，倍力有子。
134			鸡头实	味甘，平	归脾经、肾经	土	主湿痹，腰脊膝痛，补中除暴疾，益精气，强志令耳目聪明。

续表

品级	部别	药名	性味	归经	五行属性	简介
135	米谷部	胡麻	味甘，平	归肺经、脾经、肝经、肾经	土	主伤中虚羸，补五内（《御览》作藏），益气力，长肌肉，填髓脑。
136		麻蕡	味辛，平	归肺经、脾经、肾经	金	主五劳七伤，利五脏，下血，寒气，多食，令人见鬼狂走。
137	上品	冬葵子	味甘，寒	归小肠经、膀胱经	土	主五脏六腑，寒热羸瘦，五癃，利小便。
138		苋实	味甘，寒	归肝经、大肠经、膀胱经	土	主青盲，明目除邪，利大小便，去寒热。
139	菜部	瓜蒂	味苦，寒	归胃经	火	主大水身面四肢浮肿，下水，杀蛊毒，咳逆上气，及食诸果，病在胸腹中，皆吐下之。
140		白瓜子（南瓜子）	味甘，平	归胃经、大肠经	土	主令人悦泽，好颜色，益气不饥。
141		苦菜	味苦，寒	归心经、脾经、胃经、大肠经	火	主五脏邪气，厌谷，胃痹。
142	中品	雄黄	味苦，平，寒	归肝经、胃经	火	主寒热，鼠瘘恶创，疽痔死肌，杀精物，恶鬼，邪气，百虫毒，胜五兵。
143	玉石部	石硫黄	味酸，温	归肾经、大肠经	木	主妇人阴蚀，疽痔恶血，坚筋骨，除头秃，能化金银铜铁奇物。
144		雌黄	味辛，平	归肝经	金	主恶创头秃痂疥，杀毒虫虱，身痒，邪气诸毒。

续表

品级	部别	药名	性味	归经	五行属性	简介
145		水银	味辛，寒	归心经、肝经、肾经	金	主疥瘙痂疡白秃，杀皮肤中虱，堕胎，除热，杀金银铜锡毒。
146		石膏	味辛，微寒	归肺经、胃经	金	主中风寒热，心下逆气惊喘，口干，苦焦，不能息，腹中坚痛，除邪鬼，产乳，金创。
147		磁石	味辛，寒	归肝经、心经、肾经	金	主周痹，风湿，肢节中痛不可持物，洗洗酸消，除大热烦满及耳聋。
148		凝水石	味辛，寒	归心经、胃经、肾经	金	主身热，腹中积聚，邪气，皮中如火烧，烦满，水饮之。久服不饥。
149	中品	玉石部	阳起石	味咸，微温	归肾经	水	主崩中漏下，破子臧中血，症瘕结气，寒热，腹痛无子，阴痿，补不足。
150		孔公蘖	味辛，温	归肺经（依辛味定）	金	主伤食不化，邪结气，恶创，疽瘘痔，利九窍，下乳汁。
151		殷蘖	味辛，温	归肺经（依辛味定）	金	主烂伤淤血，泄利寒热，鼠瘘症瘕结气。
152		铁精	味辛、苦，平、微温	归心经、肝经	金（辛为主）	主明目，风热，恶创，疡疽创痂，疥气在皮肤中。
153		理石	味辛，寒	归胃经	金	主身热，利胃解烦，益精明目，破积聚，去三虫。
154		长石	味辛，寒	归肺经、肝经、膀胱经、胃经	金	主身热，四肢寒厥，利小便，通血脉，明目，去翳，眇，下三虫，杀蛊毒。

续表

品级	部别	药名	性味	归经	五行属性	简介
155	玉石部	肤青	味辛，平	归肺经（依辛味定）	金	主蛊毒，及蛇菜肉诸毒，恶创。
156	中品	干姜	味辛，温	归脾经、胃经、肾经、心经、肺经	金	主胸满咳逆上气，温中止血，出汗，逐风，湿痹，肠澼，下利。
157		枲耳实	味甘，温	归肺经	土	主风头，寒痛，风湿，周痹，四肢拘挛，痛，恶肉死肌。
158		葛根	味甘，平	归脾经、胃经	土	主消渴，身大热，呕吐，诸痹，起阴气，解诸毒，葛谷，主下痢十岁以上。
159		栝楼根	味苦，寒	归肺经、胃经	火	主消渴，身热，烦满，大热，补虚安中，续绝伤。
160	草部	苦参	味苦，寒	归心经、肝经、胃经、大肠经、膀胱经	火	主心腹结气，症瘕积聚，黄疸，溺有余沥，逐水，除痈肿，补中，明目，止泪。
161		当归	味甘，温	归肝经、心经、脾经	土	主咳逆上气，温疟，寒热，洗在皮肤中。妇人漏下绝子，诸恶创疡金创。
162		麻黄	味苦，温	归肺经、膀胱经	火	主中风伤寒头痛温疟，发表，出汗，去邪热气，止咳逆上气，除寒热，破症坚积聚。
163		通草	味辛，平	归肺经、胃经	金	主去恶虫，除脾胃寒热，通利九窍，血脉关节，令人不忘。

续表

	品级	部别	药名	性味	归经	五行属性	简介
164			芍药	味苦,平	归肝经、脾经	火	主邪气腹痛,除血痹,破坚积寒热,疝瘕,止痛,利小便,益气。
165			蠡实	味甘,平	归肾经、膀胱经、肝经	土	主皮肤寒热,胃中热气,寒湿痹,坚筋骨,令人嗜食。
166			瞿麦	味苦,寒	归心经、小肠经、膀胱经	火	主关格,诸癃结,小便不通,出刺,决痈肿,明目去翳,破胎堕子,下闭血。
167			元参（玄参）	味苦,微寒	归肺经、胃经、肾经	火	主腹中寒热积聚,女子产乳余疾,补肾气,令人目明。
168			秦艽	味苦,平	归胃经、肝经、胆经	火	主寒热邪气,寒湿,风痹,肢节痛,下水,利小便。
169	中品	草部	百合	味甘,平	归肺经	土	主邪气腹胀心痛,利大小便,补中益气。
170			知母	味苦,寒	归肺经、胃经、肾经	火	主消渴,热中,除邪气,肢体浮肿,下水,补不足,益气。
171			贝母	味辛,平	归肺经	金	主伤寒烦热,淋沥邪气,疝瘕,喉痹,乳难,金创,风痉。
172			白芷	味辛,温	归胃经、大肠经、肺经	金	主女人漏下赤白,血闭,阴肿,寒热,风头,侵目,泪出,长肌肤、润泽,可作面脂。
173			淫羊藿	味辛,寒	归肝经、肾经	金	主阴痿绝伤,茎中痛,利小便,益气力,强志。
174			黄芩	味苦,平	归肺经、胆经、脾经、大肠经、小肠经	火	主诸热黄疸,肠澼,泄利,逐水,下血闭,恶疮,恒蚀火疡。

续表

	品级	部别	药名	性味	归经	五行属性	简介
175			狗脊	味苦，平	归肝经、肾经、心经、膀胱经	火	主腰背强，机关缓急，周痹，寒湿，膝痛，利老人。
176			石龙芮	味苦，平	归心经	火	主风寒湿痹，心腹邪气，利关节，止烦满。
177			茅根	味甘，寒	归肺经、胃经、膀胱经	土	主劳伤虚羸，补中益气，除淤血，血闭寒热，利小便，其苗，主下水。
178			紫菀	味苦，温	归肺经	火	主咳逆上气，胸中寒热结气，去蛊毒痿蹶，安五脏。
179			紫草	味苦，寒	归心经、肝经	火	主心腹邪气五疸，补中益气，利九窍，通水道。
180	中品	草部	败酱	味苦，平	归肺经、大肠经、肝经	火	主暴热火创，赤气，疥搔，疽痔，马鞍，热气。
181			白鲜	味苦，寒	归脾经、胃经	火	主头风，黄疸，咳逆，淋沥，女子阴中肿痛，湿痹死肌，不可屈伸，起止行步。
182			酸酱	味酸，平	归肺经、脾经	木	主热烦满，定志益气，利水道，难产时，吞其果实后能立刻生产。
183			紫参	味苦、辛，寒	归肝经、脾经	火（苦为主）	主心腹积聚，寒热邪气。通九窍，利大小便。
184			藁本	味辛，温	归膀胱经	金	主妇人疝瘕，阴中寒肿痛，腹中急，除风头痛，长肌肤，悦颜色。
185			石韦	味苦，平	归肺经、膀胱经	火	主劳热，邪气，五癃闭不通，利小便水道。

续表

	品级	部别	药名	性味	归经	五行属性	简介
186			草薢	味苦,平	归肝经、胃经	火	主腰背痛,强骨节,风寒湿,周痹,恶疮不瘳,热气。
187			白薇	味苦,平	归胃经、肝经、肾经	火	主暴中风,身热肢满,忽忽不知人,狂惑,邪气,寒热酸疼,温疟洗洗,发作有时。
188			水萍	味辛,寒	归肺经	金	主暴热身痒,下水气胜酒,长须发,消渴。
189			王瓜	味苦,寒	归脾经、胃经、大肠经	火	主消渴内痹淤血,月闭,寒热,酸疼,益气,愈聋。
190			地榆	味苦,微寒	归肝经、大肠经	火	主妇人乳痓痛,七伤带下病,止痛。除恶肉,止汗,疗金疮。
191	中品	草部	海藻	味苦,寒	归肝经胃经、肾经	火	主瘿瘤气,颈下核,破散结气,痈肿,症瘕,坚气,腹中上下鸣,下十二水肿。
192			泽兰	味苦,微温	归肝经、脾经	火	主乳妇内衄,中风馀疾,大腹水肿,身面四肢水肿,骨节中水,金疮、痈肿、疮脓。
193			防己	味辛,平	归肾经、膀胱经、脾经	金	主风寒温疟,热气诸痈,除邪,利大小便。
194			款冬花	味辛,温	归肺经	金	主咳逆上气,善喘,喉痹,诸惊痫,寒热邪气。
195			牡丹	味苦、辛,寒	归肝经、心经、肾经	火(苦为主)	主寒热,中风,瘛疭,痉,惊痫,邪气,除症坚,淤血留舍肠胃,安五脏,疗痈疮。
196			马先蒿	味苦,平	归心经(依苦味定)	火	主寒热,鬼疰,中风湿痹,女子带下病,无子。

	品级	部别	药名	性味	归经	五行属性	简介
197	中品	草部	积雪草	味苦，寒	归肺经、脾经、肾经、膀胱经	火	主大热，恶疮，痈疽，浸淫，赤熛疮，皮肤赤，身热。
198			女菀	味辛，温	归肺经（依辛味定）	金	主风，洗洗，霍乱，泻痢，肠鸣，上下无常处，惊痫，寒热百疾。
199			王孙	味苦，平	归心经（依苦味定）	火	主五脏邪气，寒湿痹，四肢疼酸，膝冷痛。
200			蜀羊泉	味苦，微寒	归胃经、膀胱经、肺经、肝经	火	主头秃，恶疮，热气，疥瘙痂，癣虫，疗齿齿。
201			爵床	味咸，寒	归肺经、肝经、膀胱经	水	主腰脊痛，不得着床，俯仰艰难，除热，可作浴汤。
202			假苏	味辛，温	归肺经、肝经、	金	主寒热，鼠瘘，瘰疬，生疮，破结聚气，下淤血，除湿痹。
203			翘根	味甘，寒、平	归肺经、胃经	土	主下热气，益阴精，令人面悦好，明目。
204		木部	桑根白皮	味甘，寒	归肺经	土	主伤中，五劳六极，羸瘦，崩中，脉绝，补虚益气。
205			竹叶	味苦，平	归心经、胃经、小肠经	火	主咳逆上气，溢筋急，恶疡，杀小虫。
206			吴茱萸	味辛，温	归肝经、肾经	金	主温中，下气，止痛，咳逆，寒热，除湿血痹，逐风邪，开腠理。
207			栀子	味苦，寒	归心经、附件、三焦经	火	主五内邪气，胃中热气面赤，鼻鼻（酒糟鼻），白赖，赤癞，创疡。

续表

品级	部别	药名	性味	归经	五行属性	简介
208		芜荑	味辛，平	归脾经、胃经	金	主五内邪气，散皮肤，骨节中淫淫温行毒，去三虫，化食。
209		枳实	味苦，寒	归脾经、胃经、大肠经	火	主大风在皮肤中，如麻豆苦痒，除寒热结，止痢，长肌肉，利五脏，益气轻身。
210		厚朴	味苦，温	归脾经、胃经、肺经、大肠经	火	主中风，伤寒，头痛，寒热，惊悸，气血痹，死肌，去三虫。
211		秦皮	味苦，微寒	归肝经、胆经、大肠经	火	主风寒湿痹，洗洗，寒气，除热，目中青翳白膜。久服，头不白，轻身。
212	中品	木部	秦艽	味辛，温	归肺经、肝经	金	主风邪气，温中除寒痹，坚齿发，明目。
213		山茱萸	味酸，平	归肝经、肾经	木	主心下邪气，寒热，温中，逐寒湿痹，去三虫。
214		紫葳	味酸，微寒	归肝经	木	主妇人产乳余疾，崩中，症瘕，血闭，寒热，羸瘦，养胎。
215		猪苓	味甘，平	归肾经、膀胱经	土	主痎疟，解蛊，蛊疰不祥，利水道。
216		白棘	味辛，寒	归心经、肝经	金	主心腹痛，痈肿，溃脓，止痛。
217		龙眼	味甘，平	归心经、脾经、胃经	土	主五脏邪气，安志，厌食。
218		松罗	味苦，平	归心经、脾经？	火	主嗔怒，邪气，止虚汗头风，女子阴寒肿病。
219		卫矛	味苦，寒	归肝经、脾经	火	主女子崩中下血，腹满汗出，除邪，杀蛊毒、鬼疰。

续表

	品级	部别	药名	性味	归经	五行属性	简介
220		木部	合欢	味甘，平	归心经、脾经	土	主安五脏，利心志，令人欢乐无忧。
221			白马茎	味咸，平	归肾经	水	主伤中脉绝，阴不起，强志益气，长肌肉，肥健，生子。
222			鹿茸	味甘，温	归肾经、肝经	土	主漏下恶血，寒热，惊痫，益气强志，生齿不老。
223			牛角䚡	味苦，温	归肝经、肾经	火	下闭血，淤血，疼痛，女人带下血。
224		兽部	羖羊角	味咸，温	归肝经、心经	水	主明目，益气起阴，去恶血注下，辟蛊毒恶鬼、不祥，安心气，常不厌寐。
225	中品		牡狗阴茎	味咸，平	归肾经	水	主伤中，阴痿不起，令强、热、大、生子，除女子带下十二疾。
226			羚羊角	味咸，寒	归肝经、心经	水	主明目，益气起阴，去恶血注下，辟蛊毒恶鬼、不祥，安心气，常不厌寐。
227			犀角	味苦，寒	归心经、肝经	火	主百毒虫疰，邪鬼，瘴气、杀钩吻、鸩羽、蛇毒，除不迷或厌寐。
228		禽部	燕屎	味辛，平	归肺经、膀胱经	金	主蛊毒、鬼疰，逐不样邪气，破五癃，利小便。
229			天鼠屎	味辛，寒	归肝经	金	主面、皮肤痈肿，洗洗时痛，肠中血气，破寒热积聚，除惊悸。
230			猬皮	味苦，平	归胃经、大肠经、肾经	火	主五痔阴蚀下血，赤白五色，血汁不止，阴肿痛引要背，酒煮杀之。

	品级	部别	药名	性味	归经	五行属性	简介
231			露蜂房	味苦，平	归肝经、胃经、肾经	火	主惊痫，瘛疭，寒热邪气，癫疾，鬼精，蛊毒，肠痔。火熬之，良。
232			鳖甲	味咸，平	归肝经、肾经	水	主心腹症瘕，坚积，寒热，去痞、息肉、阴蚀、痔、恶肉。
233			蟹	味咸，寒	归肝经、胃经	水	主脑中邪气，气热结痛，㖞僻，面肿，败漆。烧之致鼠。
234			蚱蝉	味咸，寒	归肝经、肺经	水	主小儿惊痫，夜啼，癫病，寒热。
235			蛴螬	味咸，微温	归肝经	水	主恶血，血淤，痹气，破折，血在胁下坚满痛，月闭，目中淫肤，青翳白膜。
236	中品	禽部	乌贼鱼骨	味咸，微温	归肝经、肾经	水	主女子漏下，赤白经汁，血闭，阴蚀，肿痛，寒热，症瘕，无子。
237			白僵蚕	味咸，平	归肝经、肺经、胃经	水	主小儿惊痫夜啼，去三虫，减黑皯（皮肤发黑），令人面色好，男子阴疡病。
238			蛇鱼甲	味辛，微温	归肺经	金	主心腹症瘕，伏坚，积聚，寒热，女子崩中，下血五色，小腹阴中相引痛，创疥，死肌。
239			樗鸡（一种蚕）	味苦，平	归肝经	火	主心腹邪气，阴痿，益精，强志，生子，好色，补中轻身。
240			蛞蝓	味咸，寒	归肝经、肺经、大肠经	水	主贼风，㖞僻，轶筋及脱肛，惊痫挛缩。
241			石龙子	味咸，寒	归肾经、脾经	水	主五癃邪，结气，破石淋，下血，利小便水道。

	品级	部别	药名	性味	归经	五行属性	简介
242			木虻	味苦，平	归肝经	火	主目赤痛，眦伤，泪出，淤血，血闭，寒热酸，无子。
243			蜚虻	味苦，微寒	归肝经	火	主逐淤血，破下血，积坚痞，症瘕，寒热，通利血脉及九窍。
244		禽部	蜚廉	味咸，寒	归肾经（依咸味定）	水	主血淤，症坚，寒热，破积聚，喉咽痹，内寒，无子。
245			䗪虫	味咸，寒	归心经、肝经、脾经	水	主心腹寒热，洗洗，血积症瘕，破坚，下血闭，生子大，良。
246			伏翼	味咸，平	归肝经	水	主目瞑，明目，夜视有精光。
247	中品	果部	梅实	味酸，平	归肝经、脾经、肺经、大肠经	木	主下气，除热，烦满，安心，肢体痛，偏枯不仁，死肌，去青黑志，恶疾。
248			大豆黄卷	味甘，平	归脾经、肝经、胃经	土	主湿痹，痉挛，膝痛。生大豆，涂痈肿。煮汁，饮，杀鬼毒，止痛，赤小豆。主下水，排痈肿脓血。
249		米谷部	赤小豆	味甘、酸，平	归心经、小肠经	土（甘为主）	主下水肿，排痈肿脓血，疗寒热，热中消渴，止泻痢，利小便，下腹胀满。
250			粟米	味咸，微寒	归肾经、脾经、胃经	水	主养肾气，去胃脾中热，益气。陈者，味苦，主胃热，消渴，利小便。
251			黍米	味甘，温	归脾经、胃经、肺经、大肠经	土	主益气补中，多热，令人烦。

续表

	品级	部别	药名	性味	归经	五行属性	简介
252	中品	菜部	蓼实	味辛，温	归肺经、脾经、肝经	金	主明目温中，耐风寒，下水气，面目浮肿，痈疡，马蓼，去肠中蛭虫，轻身。
253			葱实	味辛，温	归肺经、肾经、肝经	金	主明目补中不足，其茎可作汤，主伤寒寒热，出汗，中风面目肿。
254			水苏	味辛，微温	归肺经、胃经	金	主下气，辟口臭，去毒，辟恶。
255			石灰	味辛，温	归肺经（依辛味定）	金	主疽疡，疥瘙，热气，恶创，癞疾，死肌，堕眉，杀痔虫，去黑子息肉。
256			礜石	味辛，大热	归肺经、脾经	金	主寒热，鼠瘘，蚀创，死肌，风痹，腹中坚。一名青分石，一名立制石，一名固羊石。
257			铅丹	味辛，微寒	归心经、脾经、肝经	金	主吐逆胃反，惊痫，癫疾，除热下气，炼化还成九光。
258	下品	玉石部	粉锡	味辛，寒	归肺经、肾经、脾经	金	主伏尸，毒螫，杀三虫。
259			代赭石	味苦，寒	归肝经、心经	火	主鬼疰，贼风，蛊毒，杀精物恶鬼，腹中毒邪气，女子赤沃漏下。
260			戎盐（卤盐）	味苦，寒	归心经、肾经	火	主消渴狂烦，除邪及下蛊毒，柔肌肤。
261			白垩	味苦，温	归肺经、肾经	火	主女子寒热癥瘕，目闭，积聚。
262			冬灰	味辛，微温	归肝经、肾经	金	主黑子，去疣息肉，疽蚀，疥瘙。
263			青琅玕	味辛，平	归肺经（依辛味定）	金	主身痒，火创，痈伤，疥瘙，死肌。

续表

	品级	部别	药名	性味	归经	五行属性	简介
264			附子	味辛，温	归心经、肾经、脾经	金	主风寒咳逆邪气，温中，金疮，破症坚，积聚血瘕，寒湿，拘挛膝痛，不能行步。
265			乌头	味辛，温	归心经、肝经、脾经	金	主中风，恶风洗洗，出汗，除寒湿痹，咳逆上气，破积聚，寒热。
266			天雄	味辛，温	归肾经	金	主大风，寒湿痹，沥节痛，拘挛，缓急，破积聚，邪气，金疮，强筋骨，轻身健行。
267			半夏	味辛，平	归脾经、胃经、肺经	金	主伤寒，寒热，心下坚，下气，喉咽肿痛，头眩胸张，咳逆肠鸣，止汗。
268	下品	草部	虎掌	味苦，温	归脾经、胃经、肝经	火	主心痛，寒热，结气，积聚，伏梁，伤筋，痿，拘缓，利水道。
269			鸢尾	味苦，平	归心经（依苦味定）	火	主蛊毒，邪气，鬼疰，诸毒，破症瘕、积聚，去水，下三虫。
270			大黄	味苦，寒	归心经（依苦味定）	火	主下淤血，血闭，寒热，破症瘕、积聚，留饮，宿食，荡涤肠胃，推陈致新，通利水杀，调中化食，安和五脏。
271			葶苈	味辛，寒	归肺经、膀胱经	金	主症瘕、积聚、结气，饮食，寒热，破坚。
272			桔梗	味辛，微温	归肺经	金	主胸胁痛如刀刺，腹满，肠鸣，幽幽惊恐悸气。
273			莨荡子	味苦，寒	归心经（依苦味定）	火	主齿痛出虫，肉痹，拘急，使人健行，见鬼，多食令人狂走。

续表

	品级	部别	药名	性味	归经	五行属性	简介
274			草蒿	味苦,寒	归肝经、胆经	火	主疥瘙,痂痒,恶创,杀虫,留热在骨节间。明目。
275			旋复花	味咸,温	归肺经、大肠经	水	主结气,胁下满,惊悸,除水,去五脏间寒热,补中下气。
276			藜芦	味辛,寒	归肺经、胃经、肝经	金	主蛊毒,咳逆,泄利,肠澼,头疡,疥瘙,恶创,杀诸蛊毒,去死肌。
277			钩吻	味辛,温	归肺经(依辛味定)	金	主金疮、乳痉,中恶风,咳逆上气,水肿,杀鬼疰、蛊毒。
278			射干	味苦,平	归肺经	火	主咳逆上气,喉痹咽痛不得消息,散急气,腹中邪逆,食饮大热。
279	下品	草部	蛇合	味苦,微寒	归心经(依苦味定)	火	主惊痫、寒热、邪气,除热,金疮,疽痔,鼠瘘,恶创,头疡。
280			常山	味苦,寒	归肺经、肝经、脾经	火	主伤寒,寒热,热发温疟,鬼毒,胸中痰结吐逆。
281			蜀漆	味辛,平	归肝经、心包经	金	主疟及咳逆、寒热,腹中症坚,痞结,积聚邪气,蛊毒,鬼疰。
282			甘遂	味苦,寒	归肺经、肾经、大肠经	火	主大腹疝瘕,腹满,面目浮肿,留饮宿食,破症坚积聚,利水谷道。
283			白敛	味苦,平	归心经、脾经	火	主痈肿疽创,散结气,止痛除热,目中赤,小儿惊痫,温疟,女子阴中肿痛。
284			青葙子	味苦,微寒	归肝经	火	主邪气,皮肤中热,风瘙,身痒,杀三虫,子名草决明,疗唇口青。

续表

	品级别	部别	药名	性味	归经	五行属性	简介
285			藋菌	味咸，平	归肾经（依苦味定）	水	主心痛，温中，去长患，白痴，蛲虫，蛇螫毒，症瘕，诸虫。
286			白芨	味苦，平	归肺经、胃经	火	主痈肿，恶创，败疽，伤阴，死肌，胃中邪气，贼风，鬼击，痱缓，不收。
287			大戟	味苦，微寒	归肺经、脾经、肝经、肾经、膀胱经	火	主皮肤热，大腹，水气，四肢面目浮肿，丈夫阴气不足。
288			茵芋	味苦，温	归肝经、肾经	火	主五脏邪气，心腹寒热，羸瘦如疟状，发作有时，诸关节风湿痹痛。
289	下品	草部	贯众	味苦，微寒	归肝经、脾经	火	主腹中邪，热气，诸毒，杀三虫。
290			荛花	味苦，平、寒	归胃经、大肠经	火	主伤寒温疟，下十二水，破积聚，大坚，症瘕，荡涤肠胃中留癖饮食，寒热邪气，利水道。
291			牙子	味苦，寒	归心经、胃经、肝经	火	主邪气热气，疥瘙，恶疡疮，痔，去白虫。
292			羊踯躅	味辛，温	归脾经	金	主贼风在皮肤中淫淫痛，温疟。恶毒，诸痹。
293			商陆	味辛，平	归肺经、肾经、大肠经	金	主水胀、疝瘕、痹，熨除痈肿，杀鬼精物。
294			羊蹄	味苦，寒	归心经、肝经、大肠经	火	主头秃、疥瘙，除热，女子阴蚀。

续表

	品级	部别	药名	性味	归经	五行属性	简介
295			萹蓄	味辛，平	归膀胱经	金	主浸淫，疥瘙、疽、痔，杀三虫。
296			狼毒	味辛，平	归肺经、心经	金	主咳逆上气，破积聚饮食，寒热，水气恶疮，鼠瘘，疽蚀，鬼精，蛊毒，杀飞鸟走兽。
297			白头翁	味苦，温	归肝经、胃经	火	主温疟，狂易，寒热，癥瘕积聚，瘿气，逐血，止痛，疗金疮。
298			鬼臼	味辛，温	归肺经	金	主杀蛊毒鬼疰，精物，辟恶气不祥，逐邪，解百毒。
299			羊桃	味苦，寒	归肺经、胃经	火	主熛热，身暴赤色，风水积聚，恶疡，除小儿热。
300	下品	草部	女青	味辛，平	归心经、肝经、脾经、肾经	金	主蛊毒，逐邪恶气，杀鬼温疟，辟不祥。
301			连翘	味苦，平	归肺经、胃经	火	主寒热，鼠瘘，瘰疬，痈肿，恶疮，瘿瘤，结热，蛊毒。
302			兰茹	味辛，寒	归肺经（依辛味定）	金	主蚀恶肉，败疮，死肌，杀疥虫，排脓恶血，除大风热气，善忘不乐。
303			乌韭	味甘，寒	归肝经、肺经、大肠经	土	主皮肤往来寒热，利小肠膀胱气。
304			鹿藿	味苦，平	归胃经、脾经、肝经	火	主蛊毒，女子腰腹痛，不乐肠痈，瘰疬，疡气。
305			蚤休	味苦，微寒	归肝经	火	主惊痫，摇头弄舌，热气在腹中，癫疾，痈创，阴蚀，下三虫，去蛇毒。

续表

	品级	部别	药名	性味	归经	五行属性	简介
306			石长生	味咸，微寒	归肾经（依咸味定）	水	主寒热，恶疮，火热，辟鬼气不祥。
307			陆英	味苦，寒	归肝经	火	主骨间诸痹，四肢拘挛，疼酸，膝寒痛，阴痿，短气，不足，脚肿。
308		草部	荩草	味苦，平	归肺经	火	主久咳上气喘逆，久寒，惊悸，痂疥，白秃，疡气，杀皮肤小虫。
309			牛扁	味苦，微寒	归肺经	火	主身皮疮，热气，可作浴汤，杀牛虱小虫，疗牛病。
310	下品		夏枯草	味苦、辛，寒	归肝经、胆经	火（苦为主）	主热瘰疬，鼠瘘，头疮，破症，散瘿，结气，脚肿，湿痹，轻身。
311			芫华	味辛，温	归肺经、脾经、肾经	金	主咳逆上气，喉鸣，喘咽肿，短气，蛊毒，鬼疟，疝瘕，痈肿，杀虫鱼。
312			巴豆	味辛，温	归胃经、大肠经、肺经	金	主伤寒，温疟，寒热，破症瘕、结聚，坚积，留饮、淡癖，大腹水张，荡练五脏六腑，开通闭塞，利水谷道，去恶肉，除鬼毒蛊疰邪物。
313		木部	蜀菽	味辛，温	归脾经、膀胱经	金	主邪气咳逆，温中，逐骨节，皮肤死肌，寒湿，痹痛，下气。
314			皂荚	味辛、咸，温	归肺经、大肠经	金（辛为主）	主风痹，死肌，邪气，风头，泪出，利九窍，杀精物。
315			柳华	味苦，寒	归心经（依苦味定）	火	主风水黄疸，面热黑。一名柳絮。叶主马疥痂创。实主溃痈，逐脓血。子汁疗渴。

续表

品级	部别	药名	性味	归经	五行属性	简介
316		楝实	味苦，寒	归肝经、小肠经、膀胱经	火	主温疾伤寒，大热烦狂，杀三虫疥疡，利小便水道。
317		郁李仁	味酸，平	归脾经、胃经	木	主大腹水肿，面目四肢浮肿，利小便水道。
318		莽草	味辛，温	归肺经（依辛味定）	金	主风头痈肿，乳痈，疝瘕，除结气疥瘙，杀虫鱼。
319		雷丸	味苦，寒	归胃经、大肠经	火	主杀三虫，逐毒气，胃中热，利丈夫，不利女子，作摩膏，除小儿百病。
320		桐叶	味苦，寒	归肺经、肝经	火	主恶蚀疮，著阴。皮，主五痔，杀三虫。花，主传猪疮，饲猪，肥大三倍。
321	下品	梓白皮	味苦，寒	归胆经、胃经	火	主热，去三虫，叶捣传猪疮，饲猪，肥大三倍。
322	木部	石南	味辛、苦，平	归肝经、肾经	金（辛为主）	主养肾气，内伤，阴衰，利筋骨皮毛。实，杀蛊毒，破积聚，逐风痹。
323		黄环	味苦，平	归心经（依苦味定）	火	主蛊毒鬼疰，鬼魅，邪气在脏中，除咳逆、寒热。
324		溲疏	味辛，寒	归膀胱经、肾经、胃经	金	主身皮肤中热，除邪气，止遗溺，可作浴汤。
325		鼠李	味苦，微寒	归肝经、肾经	火	主寒热瘰、瘰疮。
326		药实根	味辛，温	归肺经（依辛味定）	金	主邪气，诸痹疼酸，续绝伤，补骨髓。

续表

	品级	部别	药名	性味	归经	五行属性	简介
327	下品	木部	栾华	味苦，寒	归肝经	火	主目痛，泪出，伤眦，消目肿。
328			蔓椒	味苦，温	归肝经、心经	火	主风寒湿痹，疬节疼，除四肢厥气，膝痛。
329		兽部	豚卵	味苦，温	归肾经	火	主惊痫，癫疾，鬼疰，蛊毒，除寒热，奔豚，五癃，邪气，挛缩。
330			麋脂	味辛，温	归心经、肝经	金	主痈肿，恶疮，死肌，寒风，湿痹，四肢拘缓不收，风头，肿气，通腠理。
331			鼺鼠	味甘，温	归肝经、肾经	土	主堕胎，令人产易。
332			六畜毛蹄甲（马、牛、羊、猪、狗、鸡）	味咸，平	归肾经（依咸味定）	水	主鬼疰，蛊毒，寒热，惊痫，瘨痓，狂走，骆驼毛，尤良。
333		虫鱼部	哈蟆	味辛，寒	归肺经、心经、肝经、脾经、	金	主邪气，破症坚，血痈肿，阴疮。
334			马刀	味辛，微寒	归肺经、肾经	金	主漏下赤白，寒热，破石淋，杀禽兽、贼鼠。
335			蛇蜕	味咸，平	归肝经	水	主小儿百二十种惊痫，瘈疭、癫疾，寒热，肠痔，虫毒，蛇痫。
336			蚯蚓	味咸，寒	归肝经、脾经、肺经	水	主蛇瘕，去三虫，伏尸，鬼疰，蛊毒，杀长虫，仍自化作水。
337			蠮螉	味辛，平	归肺经、心经	金	主久聋，咳逆，毒气，出刺出汗。
338			蜈蚣	味辛，温	归肝经	金	主鬼疰、蛊毒，啖诸蛇、虫鱼毒，杀鬼物老精，温虐，去三虫。

续表

品级	部别	药名	性味	归经	五行属性	简介
339		水蛭	味咸，平	归肝经	水	主逐恶血淤血，月闭。破血瘕积聚，无子，利水道。
340		班猫	味辛，寒	归肝经、胃经、肾经	金	主寒热，鬼疰，蛊毒，鼠瘘，恶疮，疽蚀，死肌，破石癃。
341		贝子	味咸，平	归肾经（依咸味定）	水	主目翳，鬼疰，虫毒，腹痛，下血，五癃，利水道，烧用之良。
342		石蚕	味咸，寒	归肺经、脾经	水	主五癃，破石淋，堕胎，内解结气，利水道，除热。
343		雀瓮	味甘，平	归肝经	土	主小儿惊痫，寒热，结气，蛊毒，鬼疰。
344	下品	蜣螂	味咸，寒	归肝经、胃经、大肠经	水	主小儿惊痫，瘛疭，腹胀，寒热，大人癫疾、狂易。
345	虫鱼部	蝼蛄	味咸，寒	归大肠经、小肠经、膀胱经	水	主产难，出肉中刺，溃痈肿，下哽噎，解毒，除恶疮。
346		马陆	味辛，温	归心经、肺经	金	主腹中大坚症，破积聚，息肉，恶疮，白秃。
347		地胆	味辛，寒	归肺经、肝经	金	主鬼疰，寒热，鼠瘘，恶疮，死肌，破症瘕，堕胎。
348		鼠妇	味酸，温	归肝经、肾经	木	主气癃，不得小便，女人月闭，血症，痫痓，寒热，利水道。
349		荧火	味辛，微温	归肺经、肝经	金	主明目，小儿火创伤，热，气，蛊毒，鬼疰，通神。
350		衣鱼	味咸，温	归小肠经、膀胱经、肝经	水	无毒，主妇人疝瘕，小便不利，小儿中风，项强，背起摩之。

续表

	品级	部别	药名	性味	归经	五行属性	简介
351	下品	果部	桃核仁	味苦，平	归心经、肝经、大肠经	火	主淤血，血闭瘕邪，杀小虫。桃花杀疰恶鬼，令人好颜色。
352			杏核仁	味甘，温	归肺经、脾经、大肠经	土	主咳逆上气，雷鸣，喉痹下气，产乳，金疮，寒心，奔豚。
353		米谷部	腐婢	味辛，平	归肝经、大肠经	金	主痎疟，寒热，邪气，泄利，阴不起，病酒，头痛。
354		菜部	苦瓠	味苦，寒	归心经（依苦味定）	火	主大水，面目、四肢浮肿，下水，令人吐。
355			水芹（水靳）	味甘，平	归胃经、脾经、膀胱经	土	主女子赤沃，止血养精，保血脉，益气，令人肥健，嗜食。
356		其他部	彼子（即榧子）	味甘，温	归大肠经、肺经、胃经	土	主腹中邪气，去三虫，蛇螫，蛊毒，鬼注，伏尸。（陶弘景云：方家从来无用此者）

　　在通读《神农本草经》并整理之后发现，经书中是365味药材，而列表中只有356味，估计其原因是"六芝"这味药物包括了"赤芝、黑芝、青芝、白芝、黄芝、紫芝"六种灵芝，以及"六畜"这味药物包括了"马、牛、羊、猪、狗、鸡"六种禽畜，所以人称《神农本草经》中有365味药材。

　　进一步对照不同版本的《神农本草经》，发现了另一个问题：对各种药物的归类存在差异。某些药物在某一个版本中归入下品，但在另一个版本中却归入上品。究其原因，《神农本草经》在多少年的传承过程中，由于年代、编撰人等等的原因导致版本有了出入。虽然这个问题不影响药物的使用，也不是本书深究的问题，但是笔者认为，在大力提倡和扶持中国传统医学的今天，很有必要对中医典籍版本加以统一甚至标准化。

　　表16中对《神农本草经》中300多种药物标注了它们的五行属性，其中所说的药物的性味与人们通常的理解有所不同，而且出现了《黄帝内经》

和《神农本草经》说法不一致的情形。

例如"梓白皮"，《神农本草经》标注其药味是"苦"。而根据《黄帝内经》中的规则，苦味的五行属性为火，人们通常的理解五行属性为火的应该是温或者热，但是《神农本草经》中却说其药性为寒。

又如"屈草"，《神农本草经》中标注其药味是"苦"。而根据《黄帝内经》中的规则，苦味的五行属性为火，人们通常的理解五行属性为火的应该是温或者热，但是《神农本草经》中却说其药性为寒。

另外一个让笔者非常困惑的问题是，几部典籍中关于药材的五味与五行属性的对应关系是不同的。

例如，在《汤液经法》一张图中给出药材的五味与五行属性的对应关系是：

味辛皆属木，桂为之主。椒为火，姜为土，细辛为金，附子为水。

味咸皆属火，旋复花为之主。大黄为木，泽泻为土，厚朴为金，硝石为水。

味甘皆属土，人参为之主。甘草为木，大枣为火，麦冬为金，茯苓为水。

味酸皆属金，五味子为之主。枳实为木，豉为火，芍药为土，薯蓣为水。

味苦皆属水，地黄为之主。黄芩为木，黄连为火，白术为土，竹叶为金。

陶弘景在《辅行诀》中对《汤液经法》中这张图的评价是："此图乃《汤液经法》尽要之妙，学者能谙于此，医道毕矣。"而且他进一步说明了药材的五行属性对人体五脏补泻法的作用：肝德在散。以辛补之，以酸泻之。肝苦急，急食甘以缓之，适其性而衰之也。"简单地说就是：五行属性为木的药材（味辛）补肝、补血。

心德在奭（软）。以咸补之，苦泻之。心苦缓，急食酸以收之。简单地说就是：五行属性为火的药材（味咸）补心、补神。

脾德在缓。以甘补之，辛泻之；脾苦湿，急食苦以燥之。

肺德在收。以酸补之，咸泻之；肺苦气上逆，食辛以散之，开腠理以通气也。

肾德在坚。以苦补之，甘泻之；肾甘燥，急食咸以润之，至津液生也。

可是在《黄帝内经·素问·脏气法时论》中却给出了另一套药材的五味与五行属性的对应关系，而且根据五脏的五行属性以及五行在四季中旺、相、休、囚状态给出了一套治疗和保养的规则。

五味与五行属性的对应关系：

东方生风，在天为风，在地为木，在味为酸，即酸味的五行属性为木；

南方生热，在天为热，在地为火，在味为苦，即苦味的五行属性为火；

中央生湿，在天为湿，在地为土，在味为甘，即甘味的五行属性为土；

西方生燥，在天为燥，在地为金，在味为辛，即辛味的五行属性为金；

北方生寒，在天为寒，在地为水，在味为咸，即咸味的五行属性为水。

五脏六腑在四季的最佳治疗的规则：

肝属木，旺于春，肝与胆为表里，春天是足厥阴肝和足少阳胆主治的时间。

心属火，旺于夏，心与小肠为表里，夏天是手少阴和手太阳小肠主治的时间。

脾属土，旺于长夏（六月），脾与胃为表里，长夏是足太阴脾和足阳明胃主治的时间。

肺属金，旺于秋，肺与大肠为表里，秋天是手太阴肺和手阳明大肠主治的时间。

肾属水，旺于冬，肾与膀胱为表里，冬天是足少阴肾与足太阴膀胱主治的时间。

令人费解的是，在《汤液经法》和《黄帝内经》中出现了两套五行属性与五味的对应关系，在这两套规则中除了甘味的五行属性都是为土外，其他四味的五行属性都不相同。陶弘景在《辅行诀》中列出的五行属性与五味的对应关系源自《汤液经法》（商代伊尹著），而且陶弘景对《汤液经法》很是推崇，但是为什么陶弘景在实践中却不采用《黄帝内经·素问》中的对应关系？而且《辅行诀》与《黄帝内经·素问·藏气法时论》所论述的五脏补泻之间确实有差异，让人心生困惑。陶弘景本人没有说明其原因，给后世留下了一个谜题。

有一位中科院华南植物园的天然药物专家问笔者，每一味药物的五行属性在中医治疗和养生实践中有什么作用？这个问题正是笔者思考并进行实践的课题。笔者认为主要有两个方面的研究和应用价值。

其一是，人体的五脏六腑和经络具有五行属性，五行在一年四季中有旺、相、休、囚状态，传统药物具有五行属性。在五行理论的框架内，五脏六腑、一年四季、传统药物之间具有了相生相克的关系。于是可以根据人体五脏六腑在四季中的状况选择合适的传统药物对症治疗或进行保养。实际上，自古至今国人已经在根据这个理论治疗疾病和保养身体。其本质是根据自然之理进行治疗和保养。

其二是，明白了传统药物的五行属性，医生在开处方时，对处方中每一味药物的剂量就有了依据。关于这个问题将在下一章中展开讨论。

编写表 16 只是一种尝试和探索，也许会引起中医药学专家们的争论和批判，笔者期待得到行业内专家们的指正。

第十一章　阴阳五行理论与
药材剂量的确定

上一章对《神农本草经》中的每一味中药材都赋予了五行属性，即根据五行理论中五行与五味的对应关系来确定每味中药材的五行属性。在第四章第十节中曾经提到另一个问题："在一张中医处方中每一味药材的剂量（即用量）是如何确定的？"即如何根据五行理论、易经中八卦的先天数以及五脏六腑的五行属性确定处方中每味药材的剂量。

除了哪个古人第一个提出五行以及为什么古人将宇宙万物划分成金、木、水、火、土五种物象这两个问题外，加上探讨常用中药材的五行属性和每一味药材的剂量这两个问题，是笔者撰写本书的主要动因。

笔者只是一个中医药学的业余研究者，但作为科技人员，在其他技术领域的思考方式是刨根问底，凡事都要问一个为什么？在中医药领域也不例外，于是提出了如何确定每一味药材的剂量的问题。为此，笔者请教了多位中医药专家和中医师。他们告诉笔者，还没有见到有人研究这个问题或是给出过解答。由于在笔者所能见到的典籍中尚未查阅到有关这个问题的论述，本书讨论这个问题可能是首次，更可能会被专业的中医药人士视为另类。

有一位中医师的答复是一张处方每味中药材的剂量是根据经验总结出来的，这应该是最容易想到和最为普遍的解释。但是笔者并不认同这个解释。理由是，如果根据经验总结而得，针对某种疾病的处方中使用每一味中药材的剂量需要大量的经验数据支撑。以医圣张仲景的《伤寒论》为例，书中有 113 个处方。张仲景大约活了 65 岁，在十几岁之前年纪尚幼还不懂治病，后来在长沙当官十几年没有多少时间用于治病，满打满算他一生为人治病的时间仅三十余年，能医治的病种和病人数有限，这个样本数所得到的经验数据不足以供张仲景总结归纳出 113 个处方。当然，张仲景并不是只依靠自己的经验数据加以总结，还有一些处方是在整理前人的处方基础上得到的。但是无论怎么解释，纯粹依靠经验数据总结的解释理由是不够充分的。于是那些中药材专家和中医师反问笔者是怎么理解的。笔者的答复是，明代的医家张介宾说："宾尝闻孙真人曰：不知易，不足以言太医。"意思是不懂易经当不了太医或者高水平的医生，古代说的"医"必然是指中医。为什么当医生需要懂易经？这是真正的关键。因为易经的理论体系中包含了阴阳五行理论的应用，在易经的理论体系中，无论是先天八卦还是后天八卦，易经的八纯卦（乾、坤、震、巽、坎、离、艮、兑）都具有五行属性。八纯卦有两套数字，伏羲创立的八卦体系中对应的数称为先天数，周文王创立的八卦体系中对应的数称为后天数（见表17）。此外，中医理论体系认为人体的五脏六腑具有五行属性，人体的各条经络也都具有五行属性。于是，根据五脏六腑、经络与八纯卦各自的五行属性之间的相生相克关系，找到相生或者比和（五行属性相同称为"比和"）的卦，再根据与这个卦对应的先天数就可以确定某个脏器患病应该使用药材的剂量。五脏六腑与五行应该通过相生相克的关系达到相对平衡和稳定。如果五脏六腑与五行之间出现失调、太过、不及或反侮等状况，就会导致疾病的发生，这为推断疾病的好转或恶变以及治疗方法，提供了充足依据。中医主要运用阴阳五行理论阐述五脏六腑间的功能联系以及脏腑失衡时疾病发生的机理，也用以指导脏腑疾病的治疗。再进一步将阴阳五行理论用于确定每一味中药材使用的剂量，就形成了一个完整的中医药治疗体系。

　　例如，心脏得病，心的五行属性为火，既可以直接用离卦（属性为火，与心的属性比和）对应的先天数3，或者根据木生火的原理可以用震卦、巽卦（属性为木，能滋生属性为火的心）所对应的先天数来确定用药的剂量。离卦的先天数为3，就采用3，如果剂量不够，则加8（加8是因为易经的纯卦有八个），于是有3、11、19、27……的剂量。也可以采用震卦的先天数4或巽卦的先天数5，如果剂量不够，同样加8。即，4、12、20、28……或者5、13、21、29……笔者依据这个规则给自己开处方医治心脏病以及为家人用药的实践，证明这个确定剂量的规则是有效的。

　　这里需要特别强调的一点是，采用哪一味药材还有一个基本的前提是"对症下药"，即选用的药材的药性和药效必须是对症的。所以说，根据所患疾病选择药性和药效是第一位的，是治疗的核心，比用药的剂量更为重要，二者的次序千万不能颠倒。

　　以上分析说明，阴阳五行理论不仅可以用于确定一味药材的五行属性，还可以用来确定在一张处方中每一味中药材用药的剂量。

表 17　八卦的先天数和后天数

	乾卦☰	坤卦☷	震卦☳	巽卦☴	坎卦☵	离卦☲	艮卦☶	兑卦☱
先天数	1	8	4	5	6	3	7	2
后天数	6	2	3	4	1	9	8	7

表 18　五行与五脏六腑、八纯卦和数的对应表

	金		木		水	火		土	
五脏	肺		肝		肾	心		脾	
六腑	大肠		胆		膀胱、三焦	小肠		胃	
先天八卦	坎	艮	兑	离	坤	乾		震	巽
先天数	6	7	2	3	8	1		4	5
后天八卦	乾	兑	震	巽	坎	离		艮	坤
后天数	6	7	3	4	1	9		8	2

　　虽然表 18 中列出了五行属性与五脏六腑、先天八卦和先天数之间的对应关系，但是笔者在研究中医的实际应用中，却采用了另一套规则，即采用后天八卦的五行属性和先天数。

　　笔者之所以采用先天数的原因是，先天八卦与后天八卦分别是伏羲和周文王确立的八纯卦排序体系，伏羲的先天八卦排序是源头，后天八卦体系是周文王被商纣王囚禁在羑里时推演而得，所以应该采用源头的先天八卦对应的先天数。至于八纯卦的五行属性则采用后天八卦的原因，笔者的依据是在易经预测体系中，有一个基本规则，即采用先天数和后天方位。历史文献和笔者自己的实践证明这套规则是有效的。

　　例如，前面提到笔者自己在 2012 年患心脏病时，并没有根据五行属性为火与先天八卦中五行属性为火的乾卦相对应。如果这样运用，则乾卦的先天数是 1。而是按照心属火（后天八卦的五行属性）、火对应的数为 3（先天数）的规则确定所用处方中每一味药材的剂量（3、8、19、27……）。

　　根据后天八卦的五行属性、先天八卦的先天数，再对应人体患病脏腑的五行属性之间的相生相克关系，就可以确定在一张处方中每一味中药材合理的剂量，由此形成一套规则。这套规则是笔者根据相关的理论（八卦、

脏腑、五行等等）和自身的实践验证后，加以归纳得出的。公开这套规则的目的是希望得到中医药界的专业人士指正。

表 19　确定中药材剂量的规则

患 病 脏 腑			适用药材和剂量	
五脏	六腑	五行属性	适用药材的五行属性	剂量（以克为单位）
心	小肠	火	火	3、11、19、27…
			木	4、5、12、13、20、21、28、29…
肝	胆	木	木	4、5、12、13、20、21、28、29…
			水	6、14、22、30…
脾	胃	土	土	7、8、15、16、23、24、31、32…
			火	3、11、19、27…
肺	大肠	金	金	1、2、9、10、17、18、25、26…
			土	7、8、15、16、23、24、31、32…
肾	膀胱、三焦	水	水	6、14、22、30…
			金	1、2、9、10、17、18、25、26…

表中的规则解释：

1. 根据五脏六腑的五行属性、后天八卦的五行属性之间的比和以及相生关系，确定适合选用哪些中药材。

2. 根据八纯卦的五行属性和先天数确定所选用的中药材的剂量，再根据患病者的体质状况和病情确定在同一组数中的剂量大小。

这里需要特别说明的一个要点是：在根据一味药材的五行属性和患部脏腑的五行属性之间相生相克关系，确定了一组可选的剂量数值之后，还需要遵从中药材领域另外一个基本规则："君臣佐使"。凡是根据病症确定的"君药",则应该在调研的一组剂量数值中选用偏大的数据,即加大用量。"臣药""佐药""使药"则依此规则酌量选用较少的剂量。

举例说明如下。

例一

某位患者心脏不适,医生开处方时必须首先考虑选用那些药效是针对心脏的药材,然后在所选的药材中优先采用五行属性为火(离卦)的药材(请见表 16),因为火与心脏的五行属性比和;或者采用五行属性为木(震卦或巽卦)的药材,因为木能生助心脏的火属性。最后再来确定选用的药材的剂量。

如果选用五行属性为火的药材作为"君药",则采用 3 克、11 克、19 克、27 克……之中数量大的剂量。如果患者体质虚弱或者病情严重,还可以再加大剂量(19 克、27 克……)。

如果选用五行属性为木的药材作为"臣药",则采用 4 克、5 克、12 克、13 克、20 克、21 克、28 克、29 克……之中略少于"君药"的剂量。如果患者体质虚弱或者病情严重,还可以再适当加大剂量(20 克、21 克、28 克、29 克……)。

至于处方中其他各味药材,都是作为"佐药"和"使药",所以选用的五行属性对症(属性比和或者相生)的药材的剂量可以酌量递减。

例二

某位患者脾胃不适,医生开处方时必须首先考虑选用那些药效是针对脾胃的药材,然后在所选的药材中优先采用五行属性为土(艮卦和坤卦)的药材(请见表 16),因为土与脾胃的五行属性比和;或者采用五行属性为火(离卦)的药材,因为火能生助脾胃的土属性。最后再来确定选用的药材的剂量。

如果选用五行属性为土的药材作为"君药",则采用 7 克、8 克、15 克、16 克、23 克、24 克、31 克、32 克……之中数量大的剂量。如果患者体质虚弱或者病情严重,还可以再加大剂量(23 克、24 克、31 克、32 克……)。

如果选用五行属性为火的药材,则剂量采用3克、11克、19克、27克……之中略少于"君药"的剂量。如果患者体质虚弱或者病情严重,还可以再适当加大剂量(19克、27克……)。

至于处方中其他各味药材,都是作为"佐药"和"使药",所以选用的五行属性对症(属性比和或者相生)的药材的剂量可以酌量递减。

上面所说的剂量的确定和增加,与中医药领域常见的关于对处方进行"加减"不是同一个概念。所谓"加减"主要是指对处方中所用的药材增加或者减少,而不是指剂量的增加或减少。

后 记

本书完稿之后，笔者终于松了一口气。因为写这本书的难度比以前撰写的几本书大得多。原因是阴阳五行理论体系涵盖和渗透的领域十分庞大和复杂，包括：五行的起源、本质，阴阳和五行的关系，五行之间的相互关系，阴阳五行对中华传统文化各个领域的渗透、支撑和应用，等等。尤其是阴阳五行理论对中国传统医学的渗透和支撑超过了所有其他领域，所以关于阴阳五行理论在中医药领域的应用和分析占了本书很大的篇幅。撰写这些内容，仅靠笔者以前学习和研究的笔记远远不够，还需要查阅和考证许多古籍。可喜的是，编写本书的过程也是一个再学习和研究的过程。例如，《敝昔医论》《汤液经法》和《辅行诀》等几本古籍，笔者以前没有重视甚至没有阅读过，这次补上了一课，受益良多，让笔者对古代医书中是否有论述中药材的五行属性问题有了一个完整的了解。因此，写本书既是对以前研究学习阴阳五行理论进行总结的过程，更是一次难得的再深入研究学习的过程。

本书提出了与阴阳五行理论有关的历史上几个悬而未决的疑题：五行理论的起源？五行属性分类的依据？阴阳理论的起源？五行（金、木、水、火、土）与数字的对应关系到底以哪一套规则为准？等等。本书只是提出了笔者在研究分析后的观点，在没有考古实证的支撑下，无法得到最终结论。不得不承认，在中国传统文化领域有一些东西由于历史久远、文献缺失而不够完整。所以面对这个问题只能采取"不究竟"的态度。只要实践证明这些东西是有效可信的，即可拿来运用，可以不必坐等谜题解开后再去学习和运用。当然，笔者期待考古界在今后的某一天发现了新的证据，再有人加以补充完善也未尝不可。

本书尝试解决了两个问题：一是根据中药材的药味，对365味中药材分别赋予了五行属性。二是对如何确定中医处方中每一味中药材的剂量，给出了一个笔者分析并自身实践的观点。上述两个问题的提出和解决，或许会引起中医药专业人士的质疑和否定。笔者只是尝试，所以持有的心态是"丢块石头试水深"，期望引起中医药界的重视，最好能进一步完善。

如果能为推动中医药事业的发展尽一份绵力，则笔者可以但求心安了。笔者不是专业从事中医药研究的，所站的角度是"站在业外看业内"，或许会有旁观者清的效果。

无论哪一个科学技术领域，它的发展轨迹必然是从初级的科学技术开始，然后逐步提升发展到数字化阶段（属于数学范畴），最终将发展到哲学范畴。最好的例证是信息技术行业，最初是从通信技术、独立的计算机技术和配套的软件开始，发展到了数字化的阶段（属于数学范畴），最新的信息技术已经发展到人工智能、量子纠缠的阶段，尤其是量子纠缠理论已经与爱因斯坦的相对论有关，属于哲学范畴。

笔者从当年学习和研究易经开始，没有预先设计过将要涉猎的传统文化领域的广度和深度。但始终坚信易经、风水学、命理学、相学、阴阳五行理论等等绝对不是某些人批判的迷信，而是科学的。但是由于上述这些传统文化的领域没有国家标准，所以无法通过标准化将各个学派和观点统一起来。再者，社会上确实有一些人依靠一知半解的知识就行走江湖吃口饭骗钱，歪曲了这些领域真正合理有用的东西，误导了社会大众。可是不能因为有这些人的存在就将这些领域都打成封建迷信。2016 年政府将"阴阳五行，天人合一"列为中国公民科学素质基准点之一，充分肯定了"阴阳五行，天人合一"是科学，决不是所谓的迷信和伪科学。

本书不像笔者的前几本书，阐述的观点基本上都是结论。这次在本书中留下了几个尚未解决的谜题，即使有一些结论，也许会引起争议。笔者有这个心理准备，但无论如何笔者终于将多年来关于阴阳五行理论的思考归纳整理完成了。

特别要感谢团结出版社的领导和编辑们为笔者的《中国神秘文化的辨析和省悟》系列图书的问世提供了极大的帮助和指导，没有他们的帮助和指导，笔者仅靠一己之力无法完成这几本书的问世。

2021 年 6 月（辛丑年五月）

中国共产党建党一百周年前夕于南海之滨